幽冥

In Ghostly Japan

小泉八雲——著

目次

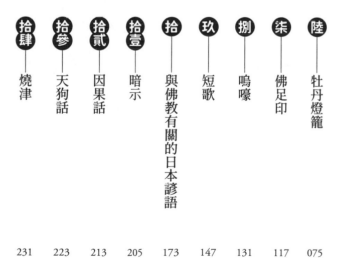

壹

碎片

他們在日落時分抵達山腳。那裡杳無人跡，沒有漣漪、沒有樹影、亦不見飛鳥，只有從荒蕪中浮現的荒蕪，而峰頂遠在天邊。

佛陀隨後與他的年輕僧人說道：「你所求見的將會示現在你面前，但目標遙遠，路途崎嶇。跟上吧，莫驚慌，你會獲得勇氣。」

登山時，暮色讓他們沮喪。那裡沒有人徑、不見足印。這條路落在一堆堆無止盡的崩塌碎石上，碎石隨著踏下的腳步滾動、翻轉，有時喀嗒喀嗒地伴隨空洞的回音滾落，有時踩過的東西會如空殼般爆裂……群星閃爍，黑夜深沉。

「莫驚慌，孩子，」佛陀如此教誨，「此地並無危險，唯路途滿布荊棘。」

他們在星空下登山——快，快——藉著超人力量往上爬。穿過高空迷霧後，他們看見腳下是一片比沿途更寬廣的景象，一片深不可測、宛如乳白浪濤的雲海。

他們毫不停歇地攀登，那輪廓無可見的東西在他們腳下悶聲地裂開，森森鬼火在每次碎裂中忽暗忽明。

年輕朝聖者的手擱在某個平滑的東西上，但那不是石頭；他拿起這東西，隱約瞧見一顆骷髏。

「別耽擱，孩子！」導師催促著，「峰頂仍在遠處！」

他們穿過黑暗朝上爬，一直感覺到腳下那悶聲的碎裂，看見鬼火忽明忽暗，直到夜色漸明，眾星落下，旭日即將東升。

但他們仍持續上山——快，快——藉著超人力量往上爬，周遭冰寒刺骨，盡是無聲闃寂。此時，東方燃起金色光芒。

年輕朝聖者眼中最先見到的是一片光禿的峭壁，他不停發抖，感到一陣恐懼。因爲那裡不見任何土地，無論身前身後，四處皆無，只有成堆滿布的無數恐怖骷髏、碎骨和骨灰，而且處處散布著殘落人齒，宛如潮汐沖上岸的貝殼碎片，微微閃爍。

「莫驚慌，孩子！」佛陀大叫，「唯有強大的意志方能征服這片景象！」

在他們身後，世界已然湮滅，僅剩下方的雲海和頂上的天空，以及兩者之間的骷髏坡，斜聳直至眼界盡處。

旭日隨著他們緩緩升起，但陽光中沒有溫暖，而是冷冽如劍的凍寒。對驚人高度的恐懼、對無底深谷的夢魘，還有對空寂的驚駭，逐漸擴大，加諸在這朝聖者身上，讓他舉步維艱，所有氣力瞬間離他遠去，讓他宛如夢間囈語般呢喃著。

「快，快，孩子！」佛陀喊著，「時間無多，路途仍遠。」

但朝聖者大叫：「我好怕！而且我已經沒有氣力了！」

「力氣會恢復，孩子，」佛陀如此答覆，「且看看你腳下、眼前、四周，告訴我你見到什麼。」

「我辦不到，」朝聖者緊繃地發抖大喊。「我不敢往下看！我身後及眼前只見人骨滿布。」

「孩子，你還沒，」佛陀溫柔地笑道，「你還沒明白這座山是什麼構成的。」

他發抖地回應：「我好怕！非常怕！這裡只有人骨！」

「這是骷髏山，」佛陀回答，「不過，孩子你要知道，這些人骨都是你自己的！每個骨骸過去都曾是你夢想、幻象及欲望的巢窩。這當中沒有一個是別人的骸骨。全部，無一例外，這些全都是你無數前世的骨骸。」

貳

振袖

最近，我在穿過一條多住著舊貨商的小街時，注意到一家店前掛著一件深紫色的振袖，或者說長袖外袍。這袍子像是德川時期的女子可能穿過的服飾。我停下腳步，細細看著袍子上的五枚紋章；就在同時，我回想起一則傳說，據說一件類似的長袍曾造成江戶毀城。

大約二百五十年前，一位幕府裡的富商女兒在參加祭典時，發現人群中有一位長相俊秀的侍衛，隨即一見鍾情。但不幸地，在她還未能多了解他的身世背景之前，那位侍衛便感到壓力而離去。但他的容貌，甚至是他衣裳最細緻之處，已在這位千金的腦海中縈繞不去。年輕侍衛參加祭典時所穿的服裝與少女的衣飾華麗程度幾乎不相上下，而這位俊俏陌生人的上衣在這位傾慕的少女眼中似乎又更加美麗。少女幻想，也許穿上和他同樣華奢及色調的長袍，配戴相同紋章，將來她就能在某一刻，吸引到這位侍衛的目光。

於是她託人裁製了一件同樣的袍子，有著非常長的袖子；依照那時的環境，這件袍子所費不貲。不論少女何時出門，她都穿著這件長袍，返家後則掛在閨中，幻想著那不知名的愛人穿上後會是何等模樣。有時，她會在袍前駐足良久，或幻想，或流淚。她時常誦念日蓮宗[1]的《南無妙法蓮華經》，向上蒼及佛祖祈求，期望能贏得那年輕侍衛的青睞。

然而，她從此再未見著那位少年。少女如坐針氈地望穿秋水，而且患了相思病，最後抑鬱而終。少女入土爲安之後，家人將那件高貴的長袍捐

1／日蓮宗：日本佛教主要宗派之一，是僧侶日蓮在大約十三世紀的鎌倉時代中期所創，也稱爲法華宗。

給了家族長期信奉的佛寺。這是處理亡者衣物的古老習俗。

僧人能將長袍以高價賣出，因爲那是由上等絲綢織成，而且上頭毫無淚痕。後來，這件袍子由一位與少女過世時年紀相仿的女孩買下。她只穿了一天，便生了病，舉止開始變得怪異，呼喊著她被一位美男子的影像纏身，爲了得到他的愛，不惜一死。沒過多久，這女孩便離開人世，而這件袍子也再度被送回寺中。

寺中僧人再次賣出長袍，這襲長袍復歸某位少女所有。她同樣只穿了一次便病倒，嚷喊著那俊美的幻影，隨後死去。隨著這袍子三度來到寺中，僧人開始起了疑心。

只是僧人冒險地再次賣出這件厄運之袍，又再次被一位少女買下，同樣只穿了一次，最後憔悴而亡。這袍子如今已四度回到寺中。

僧人認爲這襲袍子肯定帶有邪靈，於是下令沙彌放火，要在寺院庭中將袍子燒毀。

僧衆點火，將袍子丟進火中。但隨著絲袍開始燃燒，袍子上竟突然冒出如字般清晰的熊熊火焰，那是《南無妙法蓮華經》的經中咒文，這些字如同碩大火星，一個接一個地跳上寺院屋頂，隨後吞噬整座寺院。

寺院火焚的餘燼不久便落在鄰近民宅的屋頂，整條街很快地隨之起火燃燒，再是一陣海風吹來，自此一發不可收拾。火勢造成的毀壞不斷蔓延；一條接著一條道路，一塊接著一塊城區，江戶幾乎全城付之一炬。這場明曆元年（一六五五年）一月十八日發生的大災難，在東京史上稱爲「明曆大火」——又稱爲「振袖火事」。

根據《紀文大盡》這本故事集，訂製這襲長袍的少女名爲おさめ，是

麻布百姓町的酒鋪彥右衛門之女。因爲少女的容貌之美，她也被人以「麻布小町」[2]稱呼。《紀文大盡》也提到，這座遭到火焚的傳統寺院是位於本鄉的日蓮宗本妙寺，而長袍上頭的紋章則是桔梗。不過這故事眾說紛紜；而且我也對《紀文大盡》的版本存疑，因爲當中聲稱這位俊美的侍衛並非眞有其人，而是棲息於上野不忍池中的龍之化身。

2／小町：指的是小野小町，平安時代早期的和歌女歌人。她是當時最美麗的女子，而且是傑出詩人，其詩句能撼動天庭，並使久旱逢甘霖。許多男性向其求愛卻無功而返，據聞甚有以死明志者。但隨著年華逝去，厄運隨即降臨其身；小町因其風韻衰老無人聞問，淪落爲乞丐，最後死於臨近京都的通衢上。由於若以她死時所著的襤褸衣衫下葬，恐有對逝者不敬之意，因此某個窮人便以夏季外衣「帷子」裹屍，將她葬於嵐山附近，該地如今便有「帷子辻」之稱。

参

焚香

一

我看到瓶中一株蓮花，自黑暗中嫣然而出。瓶身雖難以辨識，但我知道那是銅質的，把手則雕有數條龍身。唯獨蓮花閃閃發亮，純白無瑕的三朵白花，和五片或金或綠的蓮葉，葉面是金色，蜷曲的葉下則爲綠色——人造蓮花。它們浸浴在一道斜陽下，遙遙後方的一片黑則是寺院私室的幽暗。我沒有看見陽光穿透照進的空隙，但我知道那是一扇以寺鐘輪廓爲形狀的小窗。

我之所以看見那株蓮花——這是我首度參拜佛寺的記憶之一——是因爲一抹焚香氣味撲鼻而來。通常，我一聞到焚香，便可確認眼前所見，接著我初抵日本時的其他感官，也會伴隨幾近惱人的劇烈感受，立刻被接連喚醒。

焚香的香氣幾乎無所不在。這也是構成那朦朧、複雜，而且難忘的遠東氣味的要素之一。焚香氣味不只出現在寺廟，更盤踞在民宅裡，不只在皇居，也包括農家。然而，神社不在其範圍內——遠古大神厭惡焚香之氣。但佛陀所在之處，四周皆爲香氣。供有佛壇或佛桌的各家戶，均會在特定時間燃起焚香；甚至在最原始的僻靜鄉間，都可在看見路邊的不動明王、地藏菩薩及觀音石像之前，就先隱約聞到焚香氣味。我許多的旅行經驗——那陌生的聽覺與視覺印象，都與記憶中的那抹香氣有關：通往詭異上古神社的暗謐大道，通往雲端破廟、長著青苔的層層古梯，夜祭的愉悅喧鬧，出殯隊伍的燈籠微光，遠方荒涼海岸漁家中的低聲祝禱，以及只見一縷青煙升起的荒蕪小墓，或是善心人士在鳥獸寵物墓前禱念《阿彌陀經》時的景象。

不過，我提到的香氣只是廉價焚香，也就是一般使用的焚香。焚香還有許多其他種類，品質差異之大也相當驚人。一捆尋常的線香（大約和鉛筆芯一般細，但略長）只需幾錢[3]便可購得，但若是品質較好的線香，雖然看在門外漢眼裡只會覺得顏色有些差異，但一捆卻可能要價好幾元，但可議價。而真正堪稱精品的高價焚香，會做成菱形、圓片和錐狀，一小包可值四到五英鎊。不過，日本焚香的市場及產業相關問題，卻是這個十分引人好奇的題材中最無趣的部分。

二

焚香確實引人好奇，但也因其無邊無際的傳統及細節而顯得龐雜。我光想到需要含括的範圍就害怕……以日本最早期的知識及運用芳香藥材概論開始，應是適合入門的第一步。接著可論及自朝鮮傳入的佛教焚香的記錄及傳說——當時百濟國的聖王於西元五五一年送給這個島國一套佛經、一幅佛陀畫像，並送了全套家具給一座寺廟。接著是十世紀的延喜及天曆時期制訂的焚香類別，以及在十三世紀下半葉訪問中國、鎌倉時代的公卿德大寺公孝的報告，並以用明天皇流傳下來的中國焚香智慧接續。接著

3／錢：江戶時代貨幣名稱，指一枚錢幣，約等於千分之一貫。

可談到仍保存在各種日式廟堂的古焚香，以及著名的「蘭奢待」沉香殘片（明治十年曾在奈良公開展示），織田信長、豐臣秀吉及德川家康三位大名曾取其段聞香。再來則可大略介紹日本的混香歷史——當中會提到焚香分類源自征夷大將軍足利尊氏，而足利義政稍後則建立銘香制度。他曾收集一百三十種焚香，其中有些珍貴名稱更沿用至今，例如「櫻之雪」、「富士煙」、「法華」。像是留存在幾個皇族間的焚香傳統例子，及那些數百年來世代相傳、並以其尊貴的發明者命名的焚香配方樣本，也應該提及，例如「日野大納言法」、「仙洞院法」等。這當中也該包括某些奇特的配方，如「模仿蓮花香、夏日微風的氣味，及秋風的味道」。某些高級焚香的時代傳說也該被引用，例如陶尾張守故事。此人爲自己蓋了一座全以香木建成的宮殿，並在叛亂當晚放火燒光，其焚燒飄散的香氣遠至十二哩外都可聞到。當然，珍貴的混香典籍史料會承繼許多文章、專著、書籍的研究，尤其是像《薰集類抄》[4]這類奇作，當中並包含「香道十派」的學說、最佳製香季節的指示、焚香用火差異的說明（一種稱爲「文火」，另一種則爲「武火」），以及將爐內香灰壓出呼應季節及場合的圖形的規則等等。其中會有一部分特別介紹掛在屋內驅魔的「藥玉」，以及掛在身上避邪護身的香包。接著可探討焚香的宗教用途及傳說，這本身就是一個極大的主題。同時，也必須論及「香會」的奇特歷史；要解釋當中細節繁複的儀式，除了藉助大量圖表之外，別無他法。若要論及歷史悠久的製香原料進口，至少需要一章；這些原料來自印度、中國、安南、暹羅、高棉、錫蘭、蘇

4／《薰集類抄》：日本最古老的香物配方祕笈，於二条天皇時代由藤原範所編選。

門答臘、爪哇、婆羅洲及馬來群島等地，在有關焚香的罕見珍本中都會出現這些地名。最後則可探討焚香的文學作品，提及焚香儀式的詩句、小說、劇作，特別是那些將肉體比爲焚香，將激情比做噬身烈火的情歌愛曲：

焚香即使灼燃，也要將芬芳讓渡給袍衣，
受渴望之火吞噬殆盡的，正是我悶燒的生命！

這個主題光是一點小皮毛就夠驚人了！我應該試著將重點放在焚香的宗教、娛樂及避邪的層面上就好。

三

四處可見、窮人會在佛像前燃起的尋常焚香稱爲「安息香」，價格十分低廉。香客會在名寺堂門前的銅香爐內大量焚燒這種香，路旁石像前也可看到一把。這些香束是供虔敬的過路客敬拜之用，他們每經過一尊佛像，便會停下腳步，簡單頌禱經文；如果允許，便會在佛像腳邊插炷香。不過在有點門面的寺廟及進行重要的宗教儀式時，則會使用較高價的焚香。佛教儀典使用的香氛共分三種等級：香或各式焚香（「香」字指的僅爲芳香物質）；塗香，散發香氣的膏狀物；以及抹香，一種香粉。香用燒的；塗香則塗在僧者手上，用以淨化；抹香則灑在寺院內。這個抹香據說就是佛經中常提及的檀香粉，可說是唯一與宗教儀式有重要關聯的眞正薰香。

根據《僧史略》所述：「香爲信心之始……經中長者請佛。宿夜登樓。手秉香爐。以達信心。明日食時。佛即來至。故知香爲信心之使也。」

這段文字清楚指出了焚香是一種供品，象徵虔誠的敬拜之心。但焚香也象徵其他事物，出現在佛教經典許多重要譬喻中。其中有些出現在經文裡，在一定程度上也相當有趣，例如以下《法事讚》[5]經文，便是很好的例子：

願我身淨如香爐　願我心如智慧火
念念焚燒戒定香　供養十方三世佛

佛教布道時，有時會將善行消去業障，比喻成純火燃撚的焚香，有時則會將人生比喻成焚香的煙霧。眞宗僧人明傳在《百通切紙》中，曾引用佛經《九十箇條》：

焚香時，只要香仍在，燃燒便能持續，煙也就持續繚繞而上。肉身的吐息——地、水、風、火的暫時組成——正如焚煙。而當火焰燒盡，焚香變成冷灰，也象徵人的肉體化爲灰燼，一如葬禮時熊熊燒盡的柴堆。

明傳也告訴世人，每位信徒應當在人間焚香的香氣中想到的焚香極樂。他說道：「在第三十二的妙相合願中寫著：『皆以無量無雜寶百千種香而共合成，嚴飾奇妙超諸人天，其香普薰十方世界，菩薩聞者皆修佛行矣。』古時候曾有上根上智之人，因其願而能聞香；但我們這些下根下智

5／《法事讚》：唐代善導所撰，多爲淨土宗法事之用。

之人，便無法聞香。然而我們仍然能在佛前嗅聞線香，想像通往極樂的香氣，並懷抱感謝佛陀賜福的心情，覆誦《南無妙法蓮華經》。」

四

不過，焚香在日本並不僅限於宗教儀式和祭典用途——高級焚香的確主要是爲了社交娛樂之用。焚香自十三世紀以來便是貴族的消遣活動。也許你們曾聽過日本茶道，以及當中饒富興味的佛教歷史；我也猜想，每位收藏日本古董的外國人都知道某個時期的儀式有多隆重；從過去儀式中所用的器皿品質之精，便可清楚看出其豪奢程度。香道曾比茶道更加高雅且所費不貲（現在依然如此），但也更加有趣。明治時代之前的仕女，除了音樂、刺繡、和歌及其他古老的女子教育之外，還要習得三樣特別的雅道——花道、茶道，及香道。「香會」早在足利幕府時期便已形成，而且在德川幕府時期最爲風行。但隨著幕府式微，香道也不再流行，不過最近又有復甦跡象。然而，這並不意味香道會以古早的樣貌再度變成風潮——部分是因爲香道代表了無法復興的社會教養的高貴形式，另一部分則是因爲香道的費用高不可攀，非世俗之民能及。

我在英文中將香會譯爲「香社」，我用「社」(party)一字意指它就像「卡社」、「橋牌社」、「棋社」一般的社群，因爲香會只是玩遊戲時的聚會，一種非常奇特的競賽。焚香比賽有好幾種，但所有競賽都需要依賴僅靠其香氣，就能記住各種不同焚香的能力。有一種遊戲稱爲「十炷香」，一般公認是最有趣的比賽，我試著教你們怎麼玩。

數字「十」在此不是指十種，而是十包焚香。以十炷香這遊戲來說，它不僅最有趣，也最簡單，而且只需四種焚香。其中一種必須由受邀而來的賓客提供，其他三種則由東道主準備。後三者通常會分別以一百錠香片裝袋備用，並分成四袋，每一組會分別用紙標上數字或記號，以辨別品質。接著按類別分成第一種四袋，第二種四袋，第三種四袋，總共十二袋。但賓客提供的那種焚香稱爲「客香」，不會分成四袋，只會包起來，並用漢字寫上「客」。據此，一開始總共有十三袋焚香；但其中三袋只是試玩用的樣本，又稱「試香」，之後才會接續下去。

假設這是一場六人比賽（但實際沒有人數限制），這六人依序排成直線，如果空間窄小則排成半圓，但彼此保持間距（原因稍後就會提到）。接著主人或被指定爲「香炷者」，會拿起第一種焚香當中一組，在香爐中點燃[6]，並將香爐傳給第一位賓客，呼告：「這是第一種焚香。」根據香會的禮儀，賓客收到香爐後要先聞香，再傳給鄰座，鄰座者聞香後再傳給第三位，依序進行。當香爐傳過一輪之後，便回到香炷者。之後的第二種及第三種也如法炮製，但客香則不用。來賓要能記住聞香的種類，並且要能藉著毫不熟悉的味道，在適當時機辨認出客香的種類。

原來的十三袋在扣掉「試香」之後縮減為十袋，接著每人會發得一組包含十塊香木——上頭通常飾有金蒔繪[7]——每一組都有不同的裝飾。而這

6／賓客在座敷（客廳）中，是用所在位置排序。最德高望重的位置自然在房間最前頭，再來是第一席，以此類推，通常從左手邊開始。

7／金蒔繪：日本傳統漆器工藝中，常會烙上或漆上金色家紋、花草或鳥獸等圖案，即為金蒔繪。

些香木塊背面也都有裝飾。這些裝飾大抵上都是某些花朵的樣貌，例如這組可能是金菊，那個也許是鳶尾，另一個則是梅枝，諸如此類。而香木塊正面則印上編號或記號，每一組均包含編號一、二及三各三塊，另外加上印上「客」的一塊香木。這些香木塊分配成組後，第一位來賓面前就會擺上稱之爲「符箱」的盒子，比賽此時便準備正式開始。

香炷者會先退至一座小屏風後，將一袋香木如同洗牌般打散，接著拿起最上面的一塊，放進香爐內後回到場中，並將香爐傳遞下去。當然，這次他不會說出香爐內是何種香木。當香爐依序傳遞，每位參賽者在聞香後，便要從標有編號的香木中選出一塊他認爲是香爐內的香木，放入符箱當中。例如，如果他認爲爐中的是「客香」，他便放入標有「客」的香木；若是第二種香木，他便放入一塊編號「二」的香木。當這一輪結束時，符箱和香爐會回到香炷者。他從符箱中拿出參賽者放入的六塊香木，並以紙包妥。這些香木塊代表個人記錄，同時也代表全體記錄，因爲每位參賽者都記得自己那組的特殊圖案。

其餘九袋也同樣這麼進行，並由參賽者輪流擔任香炷者。當所有香木都使用完畢，便從紙包中拿出香木塊，記錄成績，同時宣布贏家。我在此提供其中一份記錄，可以大略解釋這競賽的複雜性。

根據這份記錄，以「若松」做爲香木塊裝飾的參賽者只錯了兩次，但「白百合」的玩家則僅對了一次。要十次全對相當困難，而且嗅覺神經容易隨著比賽進行而麻痺，因此進行中習慣以醋漱口，以喚醒消退的感官能力。

上述記錄中另加上參賽者姓名、比賽日期及場所。某些氏族裡習慣上

香會記

當天使用的六組香木裝飾名稱——

「黃　菊」
「若　竹」
「紅牡丹」
「白百合」
「若　松」
「霞之櫻」

十袋香木的使用順序

一	第三	一 三 ＊ 客 一 三 一
二	第一	三 一 ＊ 一 ＊ 三 一 ＊ 三
三	客香	一 二 二 一 客 ＊ 客 ＊
四	第二	二 ＊ 二 ＊ 二 ＊ 三 三 二 ＊
五	第一	客 一 ＊ 三 二 一 ＊ 一 ＊
六	第三	一 客 一 二 二 三
七	第二	二 三 三 一 二 一
八	客一	二 二 二 三 一 二
九	第三	三 一 三 客 三 三
十	第二	三 三 一 二 二 二
		三 四 三 一 八（勝） 六

當日使用的焚香名稱

第一：タソガレ（黃昏）　第二：バイクワ（梅花）
第三：ワカクサ（若草）　第四：「客香」ヤマヂノツユ（山路の露）

會爲了某些原因，將所有記錄集結成冊，如同索引般讓香會玩家直接參考，了解感興趣的任何一場競賽的資料。

讀者也會發現，這四種焚香名稱都相當美。例如第一種，便以一首詩題「黃昏」爲名——たそがれ（直譯爲「誰在那?」或「那是誰?」之意）——這個字在此暗指在薄暮中等待愛人歸來時的某種迷人香氣。也許諸位對焚香的成分相當好奇。我可以提供兩種日本焚香的配方；但我無法辨認所有材料的名稱：

「山路之露」配方（可做二十一錠）

沉香　四錢

丁子　四錢

薰陸　四錢
銀霧　四錢
麝香　一分
ㄈㄈ　四錢

「梅花」配方（可做五十錠）
沉香　二十錢
丁子　十二錢
ㄈㄈ　八又三分之一錢
白檀　四錢
甘松　二分

藿香　一分二朱
薰陸　三分三朱
シャウモッカウ　二分
麝香　二分二朱
龍腦　三朱

根據這種娛樂形式，香會所用的焚香價格從每包一百錠要價二點五圓到三十圓不等，香錠直徑通常不會超過四分之一吋。有些焚香一包甚至會高過三十圓，例如「蘭奢待」，一種可比擬爲「有蘭花氣味的麝香」。但也有些是非賣品，比蘭奢待更加高級，但它的價值在於背景，而非成分。我指的是數世紀前僧人渡海取經時，從中國或印度帶回進貢給皇親國戚的焚香。日本有幾間古寺將這些船來焚香視爲珍品納藏，僅在重要場合將這無價之寶取出些許做爲助興之用，就像歐洲人在某些特別時節或某些場合中，會提供塵封百年的好酒，一樣的道理。

一如茶道，香會也有一套十分繁複且古老的遵行禮俗。但這些很難吸引讀者，因此我只介紹某些關於前置作業和警戒的規定。首先，受邀參與香會者的身上必須盡可能不帶任何氣味，例如女士不得使用髮油或穿著存放在薰香衣櫃內的服飾。此外，參賽的賓客要先洗一段特別久的熱水澡，而且聚會前的餐食得吃最清淡、最沒氣味的東西。香會比賽期間同樣禁止離席、打開門戶，或進行非必要的交談。最後，我觀察到，參賽者在判別焚香種類時，只能呼吸至多三到五次。

在現今這個經濟時代，要進行香會，自然比大名、住持及武士仍存在的那時代，要來得親民許多。全套香會器具現在只需五十圓，不過材質非常粗糙簡陋。古式器具價錢自然高昂，有些甚至要價上千圓。香炷者桌、硯台、紙箱、符箱等各種道具都漆上極高級的金蒔繪，香餌及其他器具也都有細緻的金飾，而香爐無論是貴金屬、銅器或瓷器材質，都可能是知名大師的精心傑作。

五

雖然焚香在佛教儀式中的原本意義主要是象徵性的，不過我們有很好的理由假設，有許多比佛教久遠的信仰在早期就已開始影響焚香在日本的普及；這些信仰有些也許是日本民族獨有，有些則衍生自中國或朝鮮。喪家會在大體前點燃焚香，因爲據信焚香氣息可保護遺體及剛離身的魂魄不受惡靈侵擾。農家也會用焚香驅邪避凶，免除災厄。焚香過去多用來招魂及驅靈，某些古老的戲曲或稗史中曾提及各種古怪儀式。一種從中國引進的特殊焚香據說便有招魂的能力。根據以下的古調，那是一種具有魔力的焚香：

> 吾曾聽聞魔香可喚魂現身，
> 寂夜孤候之際，能否得香焚之！

《山海經》當中對此焚香有一段饒富趣味的敍述。該經稱之爲「返魂香」，產於東海旁的祖洲[8]。根據記載，爲了召喚亡魂、甚至生人魂魄，只要點燃這種焚香，並誦唸咒文，同時內心專注回想當事人的記憶。接著，當事人的形體及面容便會在焚香的繚繞煙霧中浮現。

許多中日典籍都有這類焚香的著名故事，例如漢武帝的傳說。這位皇帝痛失愛妃，心中悲痛不已，所有旁人讓他不再思念愛妃的舉動也徒勞無功。一日，他下令取得一些招魂香，試圖召喚愛妃亡魂。臣子皆勸諫他放棄，亡魂現身只會加深他的悲痛。但他聽不進去，遂舉行招魂儀式——點燃焚香，召喚記憶。不久，裊裊而升的濃濃青煙當中，逐漸浮現出一位女性輪廓。它有了血色，身形逐漸明亮，皇帝當下便認出那是他的愛妃，但很快地，它明顯地變成活生生的軀體，而且似乎越來越美麗。皇帝對著這

8／祖洲：中國傳說中神仙居住之處「十洲三島」中的一洲。

軀體低語幾句，卻得不到任何回應。即使大喊，也不見回音。於是他無法自拔地趨近香爐。但當他觸碰到香煙的瞬間，這縷魂魄卻立刻消散無蹤。

當今的日本藝術家依然受到這「返魂法」傳說的啟發。就在去年，我就在東京的日本當代掛軸展上看到一幅畫，描繪一位年輕妻子跪在壁龕前，旁邊則有一團浮現亡夫輪廓的魔幻煙霧。

雖然只有一種焚香能讓亡者重現人世，但焚燒任何焚香都能召來許多看不見的靈體。這些靈體是爲「食香鬼」，是爲了吞食薰煙而來。根據日本佛教所述，「食香鬼」屬於餓鬼三十六界中的第十四界，這些亡靈過去受到貪婪之心誘惑，製作或販售劣質焚香，如今因果報應，成爲飢苦的孤魂，不得不找尋它們唯一的食物——焚香的煙氣。

肆

占卜

我曾經認識一位算命仙，他確實深信他以之爲業的那一套學理。身爲中國古老哲學的門徒，他在有意操持此業之前，就已相信占卜。在青春年少時，他曾在一位有錢的大名麾下，但隨後在明治維新後陷入一籌莫展的窘境，一如其他千百位武士。於是他成了算命仙，一個漂泊的占卜師，徒步逐鎮而行，一年頂多返家一次。他的算命仙工作頗爲成功，我想主要是因爲他的眞摯，以及應對時少見的謙恭有禮，因而特別讓人信賴。他使用的占術屬於古老學派，利用西方人熟知的《易經》和一組黑檀木片排成八卦陣，而且總是先誠摯地祝禱一番才開始卜卦。

在專家的操作下，這套易學占卜系統可說是萬無一失。但他也承認，過去曾有幾次占卜失誤；不過，他認爲這些錯完全是因爲自己誤解了某些文字或卦象。爲了公平起見，我得說，就我來看（他替我算過四次命），他的預測當中帶有相當程度的智慧，讓我不由得害怕。也許你不相信算命，甚至自認理智地輕視占卜，但某些流傳下來的迷信觀念卻在我們多數人的血液當中流動著，再加上一些奇特的經驗正好與這觀念相符，於是便對某個算命仙預言的好運或厄運，產生毫無理性的希望或恐懼。倘若眞能預見我們的未來，那將是一場悲劇。想像一下，如果你知道兩個月後會發生的事，以及那些你根本無法避免的災難厄運，將會是何種境地！

我首度在出雲遇見這位算命仙時，他已垂垂老矣，年紀絕對高過六十，但容貌依舊青春。之後我在大阪、京都及神戶都見過他。我曾多次勸他在酷寒冬季到我家過冬，因爲他對傳統所知甚多甚廣，對我的寫作會有難以估量的幫助。但也許是因爲浪遊已成爲他的第二天性，或許也是因爲他就像吉普賽人那般喜愛獨立，我總是沒辦法要他在家中多留個兩天。

算命仙每年都會來到東京，時間通常是在秋末。待上幾周後，他便在東京到處移居，從這區到那區，而後再度消失。但在這趟浪遊之旅期間，他總會前來探訪，帶來令人欣喜的出雲人事近況，以及一些奇特的小禮物，通常是來自某些知名聖地的宗教物品。每逢此時，我都會和他促膝長談幾個鐘頭，有時會聊到在他近期旅程中聽說的怪談，有時則是古老傳說或信仰，有時則是占卜。我們最後一回碰面時，算命仙告訴我一項他後悔習得的中國占卜術。

他說，「任何習得此技法者，不但能告訴你房子裡哪根梁柱、哪間房間將倒塌的精確時刻，甚至還能預測出倒塌的方向及後續情形。」接著我將藉由相關故事解釋清楚我所言——

這是一位中國占卜名師的故事，我們在日本稱他「邵康節」，這在《梅花新易》這本占書中也有記載。邵康節非常年輕時便有機會以其學識和美德得到相當高的職位，不過他拒不受祿，進而隱居深山。他冬日研讀時不燒柴火取暖，夏日也不搧風乘涼；因為無紙可用，他將思想寫在房中牆上，並且以磚為枕。

仲夏酷暑某日，一陣倦意襲來，邵康節便枕磚臥躺休息。就快入眠之際，一隻老鼠爬過了他的臉，使得他因而驚醒。憤怒之際，他抓起磚頭砸向那隻老鼠，然而老鼠毫髮無傷，磚頭卻四分五裂。邵康節後悔地望向那破碎的枕頭，責備自己意氣用事。突然間，他發現破碎的磚片上，浮現了幾個漢字，上下都有。他心覺有異，便拾起碎片仔細端詳。他發現這塊磚頭在燒製前便已排有十七個文字，磚上刻著『卯年四月十七日己刻此瓦做枕投鼠而碎』。此時正好是卯年四月十七日己刻，一如磚上預言所示。驚訝的邵康節再次望著碎片，發現了工匠的名與印。他當下立刻拾起碎磚離開小屋，快馬加鞭前往鄰近村鎮去尋找這位磚匠。他在一天之內就找到了這位工匠，拿著碎磚給他看，並細問來龍去脈。

「我仔細看過這些碎片，」工匠說道：「這塊磚確實是我燒的，不過上頭的文字則是由一位老翁所刻，他是個占卜師，他希望我能在燒磚前，讓他刻下這些字。」

「您可知他現居何處？」邵康節問。

「他曾住在離此處不遠之地。」工匠答。「我可以告訴你位置，但我不知其名。」

邵康節知道位置後，來到了老翁居所門口，請求老翁回應。門內侍徒親切地引他入內，此時廳裡有幾個年輕人正在研讀。邵康節就座後，所有年輕人便與他寒暄，接著一位最先和他致意的年輕人鞠躬說道：「很遺憾地告知您，先師數日前已過世。但我們已期盼您大駕光臨許久，因為他預言您今日此時會前來寒舍。您名為邵康節，且先師吩咐我們交給您一本書，他相信此書會讓您受益。書冊在此，尚請笑納。」

邵康節驚訝之餘，也甚感欣喜，因為此書正是最罕見及珍貴的手稿，當中含括所有占卜術的祕訣。在致謝且表達對其先師過世的哀痛之意後，邵康節回到深山小屋，開始參照書中指示占卜自己的未來運勢，以驗證書中所言的準確性。這本書告訴他，在靠近小屋南方一角的特定位置，好運正在那兒等著。他找到此處，發現一壺數量足以讓他致富的黃金。

我的算命仙老友離世之際，一如他在世時那樣，孑然一身。去年冬日，他在翻山越嶺時被一陣風雪亂了方向。數日過後，有人發現他直挺挺地死在松樹下，肩上還捆著小行囊，宛如一柱冰雕，雙手交叉，雙眼緊閉，猶似冥思。他大概是在等待風雪退去時受凍昏死，降雪在他熟睡時堆積在他身上。聽到如此奇特的死法，我想起了老日本人所說的一句話：「算命仙算不出自己的命」。

伍

蠶

一

我被日文的「蛾眉」一詞搞糊塗了，這詞是從中文俗諺「皓齒蛾眉，命曰伐性之斧」[9]而來，於是我問了養蠶的友人新美，這句話該如何解釋。

「難道你沒見過蠶蛾？」他解釋道。「蠶蛾的眉毛相當美麗。」

「眉毛？」我驚訝地問。

「好吧，隨便你怎麼說，」新美答道，「詩人是這麼稱呼沒錯……等等，我給你看樣東西。」

他離開客房，再回來時手中拿著一把白色紙扇，上頭有一隻猶如熟睡般歇息的蠶蛾。

「我們總會留幾隻用來育種，」他說，「這隻剛破蛹而出，當然還不會飛。蠶蛾都不會飛……你看看牠的眉毛。」

我看著牠，望著牠極短的觸角，宛如羽毛，在猶如點綴著寶石的雙眼及天鵝絨般的頭上呈現弧形，的確很像一雙美麗的眉毛。

新美接著帶我去看他所養的蠶。

新美的住處旁種了許多桑樹，許多民家都會養蠶，大多是由女性及孩童照料及餵食。蠶生活在以細木架高三尺左右的方型大托盤中。看見數百條毛毛蟲在托盤中一起進食的景象，同時聽見牠們吃著桑葉時發出的輕微聲響，感覺相當奇妙。蠶隨著時間漸趨成熟，更需要近乎全心的照料。每隔一小段時間，養蠶師父就得逐一巡視托盤，拿起最豐滿的那隻，以拇指

9／語出西漢辭賦家枚乘所著的《七發》，比喻美貌會對身心有所戕害。

和食指輕撫，判斷哪一隻正準備結繭。牠們會被移至蓋住的箱中，以便吐絲成蛹。其中只有幾隻能安然蛻變成蛾，也就是挑選過的種蛾。蠶蛾有美麗的翅膀，但無法飛舞。牠們有嘴，但無法吃食。牠們只能交配、產卵，而後死去。這個物種數千年來一直被人類妥善照料，因而無法獨立生活。

當新美和他弟弟細心解釋這個產業的培育方法時，繚繞在我心頭的，卻是這個進化論的一課。他們告訴我有關不同品種的蠶，和無法被豢養的野生蠶的有趣知識——蠶是爲了化蛾振翅，才吐出那亮麗的絲。我怕自己表現得不像是對這話題有興趣，因此我一邊聆聽，一邊沉思。

二

首先，我發現自己正思考著法朗士[10]他那美好的幻想。法朗士認爲，如果他是造物主，他會把人的年少時期放在生命末了，而非開端，並且讓人類經歷三階段成長，有點類似蛾的變態模式。這種想像在本質上幾乎等同於一種最古老教理的精緻變體，常見於宗教中所有的高等形式。

西方信仰特別教導世人，人在生時正如貪婪又無助的幼蟲階段，而死亡則宛如化做蠶蛹，人應當飛向那道永恆的光亮。這些信仰告訴我們，人在肉身感官尚存之時，應將軀體視爲不過是某種蠕蟲，接著成蛹；這些信

10／法朗士（Anatole France, 1844-1924）：法國作家，一九二一年諾貝爾文學獎得主。

仰認爲，人在壽終之際能否破蛹展翅，端視我們此生在世的爲人。這些信仰也說，人無須自尋煩惱，擔心破繭無法蛻變成美麗的飛蛾——缺乏可見的實證並不代表什麼，因爲人的眼界不過是如同蠕蟲般的矇瞍。我們的眼界只進化了一半。畢竟我們的視網膜不是有其視覺限制，看不見可見光譜以上及以下的顏色嗎？

但受到如此完美賜福的人類，會怎麼演化呢？從進化論的觀點來看，這個問題相當有趣；蠶被豢養不過數千年，我可從牠們的歷史中找到明顯答案。這麼說吧，想想我們若受衆神庇佑數百萬年後會有什麼結果。我指的是那些許願者若是事事皆能心想事成，最終會有什麼後果。

那些蠶擁有牠們所有的所需，甚至更多。牠們要的雖然簡單，卻也是人類生存的基本要素——食物、居所、溫暖、安全及撫慰。我們無止盡的社會困頓主要便來自缺乏這些需求。世人最大的夢想，就是希望無須付出痛苦代價即可得到生活所需；而這些蠶兒的狀況，正是我們想像中的樂土的小小體現。（我並未顧及大多數的蠶兒注定要受苦、且再度死去的事實；因爲我談的是樂土，而非消逝的靈魂。我說的是那些被選出的蠶，那些注定要得到救贖和重生的蠶。）也許牠們的感官非常遲鈍，肯定不擅長向天禱告。但如果牠們能祈求些什麼，肯定不會再多過從那位餵蠶小哥得來的餵食照料。小哥就是牠們的神——即便牠們只能用最模糊的感官察覺他的存在，但這已足以讓他成爲牠們所需的神。你我痴愚地以爲自己夠幸運，能依照我們複雜的需求，得到相等的回報。我們的禱念不就是期望你我的欲望能得到類似的關注嗎？世人聲稱「神聖之愛的必要」，不就等於不由自主地坦言，你我希望能像那些蠶兒一樣，藉由神助，安然地過日子嗎？

但上蒼若是眞的滿足我們的心願，我們現在就能提出新的證明，證明偉大的進化法則遠勝於衆神——也就是所謂的「退化」。

退化的早期階段，顯現出來便是我們無法自理，接著我們會開始失去高階感官的能力，之後大腦會萎縮得如同針頭，人身僅剩垂軟皮囊，成了一只盲目的胃袋。這就是我們慵懶地渴求那神聖之愛的後果。渴求能在永恆的安詳中得到永續的極樂，或許只是死神及惡神的詭計。唯有從困頓和苦痛中，才能生出能感覺、思考的生命，唯有和宇宙業力永無止盡地對抗，才能生出這般結果，而且一直如此。而萬物運行的法則不容妥協。不論何種感官一旦不識痛覺，只要機能不再忍受痛覺刺激，它就不復存在。就讓痛苦到此爲止，而且生命必須回歸虛無，首先要進入原生質的不定形狀態，而後化爲塵土。

佛教以其宏偉的方式，形成了進化的理論；它理性地宣告西方極樂不過是經過苦痛後發展出的較高境界，並且教導世人即使在極樂世界，只要不再精進，便會開始墮落。同樣地，佛教也認為，在超人世界裡所受的苦痛，總會隨享樂而增加（從科學觀點來說，這種教誨有點小錯誤，因為我們知道，更高階的進化必然伴隨有更多的痛苦）。而在《正法念處經》中，在「欲界」裡死亡的苦痛，甚至強烈到各層地獄之苦的總和不過是其十六分之一。

上述的比較並非必然強烈，但佛教所說的天堂在本質上卻極富邏輯。在任何可想像的知覺存在狀態中，苦痛的壓抑，無論是肉體或精神層面，必然都包含愉悅的壓抑；而且肯定的是，所有無論是精神或物質上的進步，都仰賴面對及處理苦痛的能力。因此，靈的極樂世界正如同俗世本能讓人有了欲望，六翼天使撒拉弗雖無須受勞動所苦，而且能恣意滿足每個內心欲望，最後祂卻會失去翅膀，退化至幼蟲階段……

三

我把自己這番空想的內容告訴了新美。他讀過許多佛書。

「這個嘛，」他說道，「你剛剛要我解釋的那句『皓齒蛾眉，命曰伐性之斧』，讓我想起一則奇特的佛教故事。根據佛教教義，這句話在人間若是眞理，那麼在天上也應如是……這故事是這樣的：

當釋迦牟尼還未得道升天時，眾弟子當中有一人名曰難陀，正受一名女子的美貌所惑；釋迦牟尼希望能助他擺脫這幻覺之苦。於是，釋迦牟尼帶著難陀來到一處滿是猿猴的深山中，讓他見過一隻異常醜陋的母猴，並問他：

「難陀，你覺得何者較美？是那位你深愛的女子，還是這隻母猴？」

「喔，師父！」難陀大叫，「美麗女子與醜陋母猴怎能相提並論？」

「也許你不久後就會自己找到兩相比較的理由。」釋迦牟尼如此答道。

在非凡神力的借助下，釋迦牟尼與難陀很快地就登上三十三天，也就是欲界六天的第二天[11]。此處有一座寶石宮殿，難陀在宮中看見無數天女正以舞樂歡慶某個節日，任何凡間女子都無法比擬天女的容貌之美。

11／欲界六天的第二天為「三十三天」，又稱「忉利天」，因為有三十三個天國而得此名。

「喔，師父，」難陀大叫，「這是什麼節日？」

「問問她們吧，」釋迦牟尼如此答道。

難陀於是向前詢問其中一位天女。而她如此說道：

「這是為了慶祝我們方才收到的喜訊。目前釋迦牟尼在凡間的諸多弟子中，有位超凡的青年名曰難陀，此人很快就會因其虔誠善行轉升天界，成為眾天女的郎君。我們正欣然期盼他的到來。」

這個回答讓難陀內心大為喜樂。釋迦牟尼隨後便問他：「難陀，在眾天女當中，是否有任何一位，與你那深愛的女子同等美麗？」

「才沒有呢，師父！」難陀答道。「正如她的美貌勝過山上所見的母猴，就算這些天女當中最差的一個，自然也遠勝過她。」

釋迦牟尼於是立刻帶著難陀，直墜地獄深淵，並領他前往拷問室，那裡的大鍋中已有眾多男女正受熬煮之苦，不然就是被惡鬼嚴刑折磨。難陀發現自己正站在一只裝著熔化金屬的大鍋前，他臉上顯露出既害怕又疑惑的表情，因為這桶子裡目前還沒有人。眼前只有一隻厲鬼正打著呵欠，呆坐一旁。

「師父，」難陀向釋迦牟尼問道，「這大鍋是為誰準備的？」

「問問那厲鬼吧。」釋迦牟尼回答。

難陀於是遵從指示，向前詢問厲鬼。厲鬼告訴他：「某男子名為難陀，目前是釋迦牟尼的弟子，此人原本以其善心積德，得以重生於天界，但卻放任自己沉迷美色欲念，因此將轉生此地獄。這桶子正是為他準備的，我正在等他前來。」

陸

牡丹燈籠

東京劇場裡絕對不乏觀衆的劇碼之一，便是著名的菊五郎[12]及其劇團的《牡丹燈籠》[13]。這齣場景設定在十八世紀中期的詭異劇碼，劇本正改編自小說家圓朝[14]的故事，而且以日文口語寫成。這故事雖受中國傳奇啟發，卻深具日本地方色彩。我看過這齣戲，菊五郎也讓我感受到一種新的恐懼快感。「何不讓英語系觀衆也能接觸這段鬼故事？」一位帶我理解深奧東方哲學的友人這麼問。「這需要解釋一些在日本人盡皆知、但西方觀衆卻一頭霧水的超自然觀念。我可以幫忙你翻譯。」

我欣然接受他的提議。我們將圓朝的故事當中較精彩的部分編成濃縮版，也發現得在好幾處將敍事簡化，同時只聚焦在文本的對話體裁上，因爲當中某些對話恰好帶有心理層面上的特殊趣味。

以下便是《牡丹燈籠》的幽靈物語：

一

江戶牛込[15]這個地方曾經有位旗本[16]，名叫飯島平左衛門，他有位如同其名般美麗的獨生女朝露。飯島在女兒十六歲時再婚；但他發現朝露和後母相處不睦，於是便在柳島另外蓋了一棟別墅給女兒住，而且請了女傭阿

12／五代目尾上菊五郎（1844-1903）：本名寺島清。「尾上菊五郎」這個稱號是歷代傳承下來的歌舞伎役者「名跡」，目前已傳至七代。

13／《牡丹燈籠》：明治二十五（1892）年首演。故事改編自中國明代小說《剪燈新話‧牡丹燈記》，原名《怪談牡丹燈籠》，並和《四谷怪談》、《皿屋敷》並稱日本三大怪談。

14／三遊亭圓朝（1838-1900）：本名出淵次郎吉，是江戶末期到明治時代間的落語家。

15／江戶牛込：今東京都新宿區，夏目漱石及尾崎紅葉均曾住在此地。

16／旗本：原是幕府將軍的一種武士身分，在武士階級中地位最高。

米來伺候她。

朝露在新家住得相當愉快，直到某日，家醫山本志丈與一位來自根津的年輕武士萩原新三郎前往她家中拜訪。新三郎的相貌異常俊美，而且溫柔有禮，朝露因此對他一見鍾情，兩人很快便陷入愛河。在短暫邂逅結束前，他們早已互相私定終生，但老家醫對此毫無所知。離別時，朝露更對新三郎低語：「記得！如果你不再來見我，我必會心碎而死！」

新三郎並沒有忘記誓言，他也急著想和朝露再次相見，但依禮節他無法單獨前往；老醫生答應將帶他再度拜訪，但他得等待下回陪同醫生的機會。不幸的是，老醫生並沒有信守承諾。他察覺到朝露對新三郎的愛慕之情，害怕她父親會要他爲後續嚴重的結果負責。飯島向來以取人首級聞名，志丈越想是到那天在別墅裡介紹了新三郎之後可能出現的後果，他就越加擔心。因此，他刻意避見這位年輕武士，不和他往來。

幾個月過去了，朝露幽幽思考著新三郎遲遲未來的眞正原因，她認爲她的愛已被踐踏。於是，朝露日漸消瘦，最後黯然而逝。女傭阿米也因朝露去世而過度悲傷，不久後也繼之離開人世。朝露和阿米兩人比鄰葬在新幡隨院[17]的墓園內，那是一座鄰近團子坂的寺院，團子坂每年都會舉辦著名的菊花展。

17／新幡隨院：位於東京都足立區，建於正曆三年（992）。

二

新三郎對別墅一訪之後發生的事情一無所知，他的落寞和焦慮也讓他久病不癒。雖然他身體慢慢復原，但仍舊十分孱弱，直到山本志丈前來拜訪。老醫生爲自己顯然遲遲未訪編造了許多藉口。新三郎對他說：「我從初春開始就患病至今，現在還是難以吞下滴水粒米……但你卻從不聞問，這豈非薄情寡義？我本以爲我們會再次拜訪朝露，我想送她一點禮物，以回報上次的殷勤招待。而且我當然無法獨自前往。」

志丈語重心長地回答：「很遺憾，那位姑娘已經過世了。」

「過世了！」新三郎臉色慘白地重複說著，「你說她過世了？」

老醫生沉默了一會兒，似乎正在整理思緒。他重新振作，語氣輕快，打算輕鬆帶過這個嚴肅的問題。

「我犯了一個大錯，就是介紹了你們倆認識，因為她似乎對你一見鍾情。我擔心，想必是你在小房間裡對她說了什麼花言巧語才會如此。我看見她對你有好感，於是我心生忐忑，害怕她父親一旦得知此事，會把罪全怪到我頭上。所以……我就老實說吧……我認為不來打擾你比較好，因此刻意久久避不見面。不過，就在幾天前，我碰巧前去飯島家拜訪，驚訝地得知他家千金和女傭阿米的死訊。於是我想起過往種種，明白那位少女愛你至死不渝……哈哈，唉啊，我說你真是個罪人！是的，你就是個罪人！生得這般俊俏模樣，讓眾女子愛你至死，這難道不是罪過？（認真說道）好吧，我們得讓死者安息，再多說也無濟於事。你現在唯一能做的，就是不斷誦讀『阿彌陀佛』為她超渡……再會了。」

老醫生匆忙離去。他焦急地想避開繼續討論這件痛苦的事情，因爲他覺得自己已被捲入其中。

三

朝露的死訊讓新三郎一蹶不振，悲痛了好一段時間。但當他意識到自己心神稍定之後，便將那已逝少女之名刻在牌位上，放在屋中佛壇，日日供奉祭品，誦經禱念。如此，對朝露的懷念便長存在他心中。

新三郎的孤寂感日復一日，一直到了每年七月十三日開始的盂蘭盆節、也就是亡者之祭之後，才有了變化。那時，他開始裝飾住處，準備過節所需的用品，掛起燈籠以指引歸魂，在精靈棚[18]上擺出食物以饗亡靈。盂蘭盆節首夜，當夕陽西下後，新三郎便在朝露的牌位前點起一盞小燈，也點亮燈籠。

那是個月明風靜的無雲夜晚，而且相當暖和。新三郎這時正在陽台上乘涼。他簡單穿著夏季浴衣，靜坐著幻想、難過。他有時搧著團扇，有時點起蚊香。此時四方俱靜，只有幾道人影閃過。他只聽見一旁的細微涓流和夜裡低鳴的蟲音。

但這一切寂靜都被一陣女子的下駄[19]聲給打破——咔啦、咔啦——那聲音越來越近，很快地就來到圍繞院子的籬笆外。在好奇心驅使下，新三郎

18／精靈棚：日本在盆節時特別架設的供桌，上頭會擺置食品，以祭亡靈。

19／下駄即爲「駒下駄」，是一種木造的涼鞋或木屐。由於穿者走在路上時，會發出如同馬蹄般的聲響，故得其名。

踮起腳尖，想看看籬笆外來者何人。他看見兩位女子正經過。一位拎著一盞美麗的牡丹燈籠，看起來是女傭模樣，另一位則是年約十七的纖細少女，穿著繡著秋草圖案的振袖。這兩位女子幾乎同時轉頭望向新三郎，而他驚訝地發現，這兩人正是朝露和女傭阿米。

她們立刻停下腳步，而那位少女大聲叫道：「啊，眞不可思議，是萩原先生！」

新三郎同時對著女傭說：「阿米！啊，妳是阿米！我清楚地記得妳。」

「萩原先生！」阿米語調十分訝異地喊道，「眞不敢相信這是眞的！……先生，我們聽說您去世了。」

「怎麼可能！」新三郎大叫，「我反而聽說是妳們兩位過世！」

「啊，眞是壞心。」阿米答道。「這些壞話怎麼一直這樣傳著？……

是誰告訴您的？」

「快請進。這院子門沒關，進來說話比較方便。」

於是他們進了屋內，彼此寒暄。正當新三郎殷勤招待兩人時，他說道：

「相信妳們會原諒我這麼久都未和兩位聯絡的無禮舉止。但那位老醫生志丈大概在一個月前告訴我，說妳們兩位都已過世。」

「所以是他告訴您的嗎？」阿米驚呼。「說這些話眞是惡毒。不過這個嘛，您去世的消息也是他告訴我們的。我想，他是要矇騙您，而且這也不難，因爲您對他人都那麼信賴。不過我的主人可能也隱藏了她對您的愛意，以躲避她父親的耳日。要是他知道了，小姐的繼母阿國——讓醫生告訴您我們的死訊可能就是這女人的設計——便可拆散您們倆。無論如何，小姐一得知您的死訊，她立刻打算削髮爲尼，不過我馬上阻止她，勸她這念頭放在心中就好。後來，她父親希望她嫁給某個年輕人，但遭她拒絕。於是便引來一連串的麻煩事，主要都是來自阿國，我們也因此搬離別墅，找到一間位於谷中三崎的小屋住下，靠著一點私活勉強維生。今天是盂蘭盆節第一天，我們參拜了幾間寺廟，夜這麼深，正要返家，這巧遇就這麼發生了。」

「太不可思議了！」新三郎叫道。「這是眞的嗎？還是我在作夢？我方才正好在她的牌位前誦經！妳看！」他指向佛壇上的朝露牌位。

「非常感謝您的思念之情，」阿米微笑答道，「至於我的主人，」她邊說邊轉頭望向朝露。她依舊端莊嫻靜，執著袖子半遮著臉。「至於我的主人，她的確說她爲了你，不在乎與父親斷絕七生關係[20]，甚至不惜受死！說吧！你是否願意讓她在此過夜？」

新三郎因爲過度欣喜，因而臉色蒼白。他顫抖著說道：「請兩位今晚在此留宿，但切勿大聲交談，因爲隔壁住了個麻煩人物，是位取名白翁堂勇齋的面相師。他專門以看人面相論斷吉凶，非常喜愛東探西問，所以最好還是別讓他聽見。」

兩位女子於是便在武士家中過夜，並在破曉前返家。之後她們連續在武士家中住了七晚，無論陰晴，總是在同一時刻出現。新三郎對朝露愈加痴迷，這對日益親密的戀人，比鐵做的腳鐐更加緊緊相依。

20／「七生」意指七次連續輪迴。在日本戲劇或故事中常見父親聲稱要與子女斷絕「七生關係」。這種斷絕稱爲「七生までの勘当」，即斷絕七世關係——象徵從此世之後的六世，犯錯子女都會持續對親子關係不滿。

四

新三郎住處附近的小屋裡住著一位名叫伴藏的人，他和妻子美音都在新三郎家中幫傭。兩人似乎都對新三郎忠心耿耿；在新三郎的幫忙下，他們也才能過著相對舒服的生活。某晚，夜已深，伴藏聽見主人家中傳來女人的聲音，他因而心神不寧。他擔心爲人和善又多情的新三郎會受某些狡詐詭計所騙——若是如此，家中幫佣肯定會最先受波及。於是，他決定持續觀察。隔天晚上，他踮起腳尖走向新三郎住處，從窗板縫隙向內窺視。藉著臥房中的燈籠餘光，他看見他的主人正和一位陌生女子在蚊帳中聊天。一開始他看不清楚那女子的長相，她背對著伴藏。從她的穿著及髮型，他只能看出這位女子十分纖瘦，而且看起來相當年輕[21]。他側著耳朵，從縫隙中清楚聽見兩人對話。女子說道：「如果我和父親斷絕關係，你是否會讓我住進來？」

新三郎答道：「當然好。不，我應該說非常榮幸。但妳毋須擔心會和令尊決裂，畢竟妳是他的獨生女，而且他愛妳至深。我擔心的是我們未來會被無情地拆散。」

她溫柔地回答：「不會的。我從來沒想過接受其他男人成爲我的夫君。就算我們的祕密見了光，父親要爲我的作爲取我性命，我就算死了也不會斷絕對你的相思之情。如今我很肯定，假如沒有我，你也無法常存人間。」……兩人緊緊相擁，她的唇貼著他的頸，彼此互相依偎愛撫。

21／根據日本習俗，女性服裝的顏色、款式與髮型的風格，依照年齡有嚴格規範。

伴藏很納悶自己耳中聽到的話，因爲那女子所持並非一般民婦的語彙，而是極具身分地位者會用的詞語。於是他決定冒險一睹女子的長相，他躡手躡腳地繞著房子，前前後後從各個縫隙窺探。終於，他看見了女子的面容——但背脊也一陣發涼，毛骨悚然。

因爲那是一張死亡已久的女子面容，她正愛撫男子的手指僅剩骨頭，而且不見下半身，那已消失在淡薄的影子當中。那被愛意矇騙的雙眼所看到的年輕、優雅和美貌，在窺探者眼中，只剩下恐懼和死亡的空無。此外，女傭的身形更是古怪，在屋內扶搖而上，彷彿察覺到他的存在，迅速撲向伴藏。萬般驚恐的伴藏飛也似地逃往白翁堂勇齋家，瘋狂地猛敲大門，想把他叫醒。

五

面相師白翁堂勇齋的年紀相當大，他年輕時經常雲遊四海，見識過許多奇事，因此沒什麼嚇得倒他。然而驚嚇不已的伴藏所描述的事，依然讓他既擔憂又驚駭。他曾在中國古書中讀過人鬼戀的傳說，但他從不相信世上眞有其事。不過，他認爲伴藏所述均非刻意造假，而且萩原家中確實有些異狀。如果伴藏所言屬實，而非幻想，那麼這位武士恐怕凶多吉少。

「如果那女人是鬼，」勇齋告訴伴藏，「如果那女人是鬼，除非使用非常手段，否則你的主人肯定卽將遭遇不測。如果那女人果眞是鬼，他臉上便會出現凶兆。因爲活人的氣是純淨的陽氣，死者則是不潔的陰氣：前者正向，後者負向。一個男人娶個鬼新娘是活不下去的。就算他能長命百歲，氣血也很快就會耗盡……話說回來，我會盡力營救萩原。伴藏，這件事你可別讓人知道，就算是對你妻子也不可說。日出之後，我就去你主人家中走一趟。」

六

隔天早上，勇齋詢問新三郎，他起初否認有任何女子到過他家，但發現說這謊言根本毫無用處。他感覺這位老人登門拜訪並無企圖，最後終於被說服，承認確有此事，也娓娓道出要隱藏此祕密的理由。新三郎說他有意盡快將飯島小姐娶進門。

「你瘋了嗎？」因爲驚嚇而失去耐性的勇齋叫道，「你可知道，那些夜夜登門造訪的全都是死人！你中了妖法幻術！……為什麼？簡單地說，你一直認為朝露小姐已過世，不停為她誦經，在她牌位前供奉祭品，這難道還不夠證明嗎？你吻過亡魂！那死者的手曾愛撫過你！就算這當下，我都能看出你面露死相，偏偏你卻不信！……先生，要是你想保住這條命，現在就聽好，這句話就算我求你了，否則你只剩不到十二天可活。那兩個女人告訴你，說她們住在下谷區的谷中三崎，你可曾去那裡拜訪過她們？沒有！當然沒有！那今天就去看看吧，越快越好，快去谷中三崎找找她們的家在哪裡！」

白翁堂勇齋激動地說罷這番建議後，毅然轉身離去。

新三郎雖驚愕，但當下仍未被說服。然而，再三思索面相師的建議後，他決定前往下谷一探究竟。當他抵達谷中三崎一帶時，天色才剛亮，於是他開始尋找朝露的住所。他搜遍大街小巷，端詳每一戶門牌上的姓名，尋找每一個出現在面前的探查機會。但他仍然找不到朝露描述的那棟小屋，也沒人知道這附近哪裡住有兩位單身女子。新三郎最後覺得，再往下找也無濟於事，於是便抄捷徑回家，而此條路正好穿過新幡隨院。

突然間，他被兩座併排在寺院後方的簇新墓碑吸引。一座是普通的墓，就像是尋常百姓會立的碑，另一座則是富麗堂皇的大碑，碑前還懸著一盞美麗的牡丹燈籠，看起來似乎從盂蘭盆節那時就掛到現在。新三郎回想起當初阿米拎著的那盞牡丹燈籠，似乎跟這盞頗爲相似。這個共通點讓他心生疑竇。他再次看了墓碑，但碑上也看不出什麼線索。這碑上沒有俗名，只有戒名。於是他決定向寺方探問，看能否問出蛛絲馬跡。寺僧回應的說法是，那座大型墓碑是最近爲了牛込旗本飯島平左衛門的女兒所建，而小的墓碑則是爲了在其女死後不久也跟著離世的女僕阿米所建。

新三郎立刻想起阿米曾意有所指地說：「我們搬離別墅，找到一間位於谷中三崎的小屋住下，靠著一點私活勉強維生。」這地方的確是棟小屋，而且正位在谷中三崎。但私活指的是什麼？

滿心恐懼的新三郎快馬加鞭趕回勇齋家，乞求他的建議與協助。但勇齋表明此事無法提供任何幫忙。他唯一能做的就是將新三郎送到新幡隨院的高僧良石和尚那邊，並附上一封信，希望良石和尚能以法力保護他。

七

高僧良石是位博學的聖人。他憑藉天眼，知道所有悲傷的祕密，以及因果報應的源頭。他冷靜聽著新三郎說完來龍去脈後，對新三郎說道：

「由於你前世的業障，你現在非常危險。欲致你於死的業障十分強大，就算解釋，你可能也無法理解。所以，我只能告訴你一事。這鬼魂並不恨你，也無意害你或對你抱有敵意。相反地，她深深愛著你。也許這女子在你前世便已愛慕你許久，或許從三世或四世前就已開始。看來無論她輪迴到哪一世，都無法不再緊追不捨。因此，要逃離她的掌控並非易事……我現在給你這個法力強大的御守。這純金打造的牌子上刻有佛像，是爲海音如來，因其佛法猶似海潮之聲。這尊小佛像的殊勝之處在於避邪，能讓生者遠離邪靈。你必須將之裝袋收好，放在腰帶裡，千萬不可離身……此外，我稍後會在寺內進行『施餓鬼』儀式，超渡惡靈得安息。這裡還有一本《雨寶陀羅尼經》[22]，你每晚必在家中仔細吟誦，不可中斷。最後，這裡有一包御札[23]，無論門窗大小，務必在家中每道出入口貼上一張。如此一來，符咒的法力可保護你免受亡魂侵入。無論發生什麼事，誦經都不可停止。」

新三郎衷心謝過高僧後，便帶著御守、佛經及一包御札，在日落前速速返家。

22／十八世紀時，由印度僧人不空從梵文譯成中文的短經的日文發音。

23／御札是做爲符咒或護身符的宗教文字通稱，有時會蓋在或刻在木頭上，但通常是寫印在小紙條上。御札會貼在家門口上、房間牆上、佛壇桌上等等。有些御札能讓人隨身攜帶，有些則會做成丸狀，讓人吞服做爲民俗療法。大型御札則通常會包含圖像或符號化的圖案。

八

在勇齋的協助下，新三郎得以在天黑前將家中縫隙全貼上符咒。勇齋隨後便返家，留下新三郎一人。夜幕低垂，是夜天清暖和。新三郎緊閉門戶，將珍貴的御守繫於腰間，進入蚊帳內，就著燈籠燭火開始誦念《雨寶陀羅尼經》。雖然他念了很久，卻不甚了解當中意涵，於是他稍做休息。他內心依舊被今日發生的許多怪事煩擾。此時午夜已過，但他遲遲無法入眠。最後，他聽見自傳通院傳來的八點報時鐘聲[24]。

鐘聲一停，新三郎隨即聽見一如往常走來的木屐聲——但這次走得更慢⋯喀啦、摳隆！他額上立刻冒出冷汗。於是，他顫抖的手立刻翻開佛經，一遍又一遍地大聲誦念。腳步聲越來越近，到了屋外籬笆前停了下來！然而奇怪的是，新三郎突然覺得無法繼續待在蚊帳中，某道比他的恐懼感還更強大的力量正驅使他向外看，他也不再持續誦念《雨寶陀羅尼經》，反而痴傻地走向隔窗前，透過縫隙窺視屋外的景象。那是朝露站在屋前，阿米正提著牡丹燈籠，兩人望著貼在門上的佛經符咒。此時的朝露從未——即使在生前也是——看來如此美麗；新三郎感覺內心無法抗拒地為她著迷。但對死亡及未知的恐懼阻擋著他，也讓他在愛情與擔憂之間來回掙扎，

24／根據日本古時制，八時相當於凌晨二時。每個日本時辰都等於兩個小時，所以他們採用六時制，而非十二小時制；而這六個時辰是倒過來報時——即九、八、七、六、五、四。因此第九時等於西方的正午或是午夜；九時半刻等於上午或下午的一點，八時等於二點。而凌晨兩點又稱為丑時，是日本鬼魅出沒的時分。

飽受如同焦熱地獄[25]般的肉體折磨。

沒多久，他聽見女傭說話的聲音：

「親愛的主人啊，這裡已無路可進門了。萩原先生想必已變了心。他打破昨夜的約定，門也緊閉著，把我們擋在外頭……總之，我們今晚是進不去了……您別再將心思放在他身上才是明智之舉，因爲他肯定不愛您了。這就是他不想見您的證據啊。所以最好還是別再爲這個負心漢自找麻煩吧。」

只是少女哭著答道：

「喔，一想到我們互許的誓言曾有可能眞的實現……我常聽說男人的心就像秋日天空一樣瞬息萬變；我也曾相信萩原先生不可能如此狠心將我拒於門外！阿米，看樣子是沒法挽回了。除非妳願意，不然我絕不會返回老家。」

朝露執袖遮臉，持續乞求著。她看起來十分美麗動人，但對死亡的恐懼依然籠罩著她的愛人。

阿米最後終於說道：「親愛的小姐，您何苦爲這樣的負心漢自尋煩惱？好吧，我看看後院是否有門路能進去，跟我走！」

阿米抓住朝露的手，帶著她走向屋後。突然間，隨著燈籠燭火熄滅，兩人也繼而消失在夜色中。

25／焦熱地獄是日本佛教八大地獄中的第六層。地獄的一天相當於凡間千年，亦有一說是百萬年。

九

每晚丑時，兩縷幽魂都會來到屋前，新三郎也聽得見朝露夜夜的啜泣聲。此刻他相信自己得救了。但新三郎萬萬想不到，他所仰賴的伴藏，其實早已決定了他在劫難逃。

伴藏曾向勇齋保證，絕對不會向任何人吐露最近發生的諸多怪事，就連枕邊人亦然。然而伴藏卻飽受鬼魅纏身、無法好好休息所苦。原來阿米的魂魄每晚都會飄進他屋裡，把他喚醒，逼他撕掉新三郎屋後一扇小窗上的符咒。伴藏出於恐懼，常向她表示翌朝就會撕掉符咒，但他從未眞的動手，因爲他相信這惡靈是衝著新三郎而來。終於，在某個暴雨之夜，他在夢中被阿米大聲斥責，因而嚇醒；她還飄在枕頭上對著伴藏說道：「要是你敢小看我們，就試試看！如果明晚你還沒有撕掉那張符，你就知道會有什麼下場！」阿米說話時那恐怖的神情，把伴藏嚇得半死。

伴藏的妻子美音至今一直都不知道有這些怪事發生，就連伴藏也覺得那只是惡夢。但就在此夜，美音剛好突然驚醒，她聽見有個女聲正對著伴藏說話。幾乎就在同時，那聲音戛然而止。美音環顧四周，只見伴藏在夜燈的微光中全身顫抖、臉色蒼白。陌生人此時已消失，門戶也緊閉，屋內似乎沒有人進來過。然而美音這時已有戒心，於是她斥責伴藏，質問到底發生了什麼事。伴藏本以爲自己不小心說溜嘴，於是一五一十地全盤托出最近受鬼要脅的事。

暴怒的美音聽了後變得又驚又懼，但她終究是個聰慧的女人，便立刻想出一套計畫，要犧牲主人來挽救丈夫。於是她給了伴藏一個狡猾的建議，告訴他如何與亡靈交涉。

朝露和阿米的魂魄隔夜依舊於丑時前來，這次美音一聽到她們的腳步聲便躲了起來——喀啦、摳隆！但伴藏則在黑暗中與她們見面，甚至提起勇氣道出妻子叫他說的話：

「我的確該受您的指責，但我無意冒犯兩位。我遲遲未撕掉符咒，是因爲我們夫妻倆只能仰賴萩原先生過活；我們不能讓他性命不保，否則我們的日子可就難過了。不過，要是您能給我們黃金百兩，我們或許能達成兩位的需求。這麼一來，我們也不必看人臉色。所以，您要是願意付錢，我就不必擔心生計，那麼也就可以把符給撕了。」

伴藏提出要求後，朝露和阿米沉默地對望了好一會兒。阿米隨後對朝露說道：

「小姐，我早說過不該麻煩這個人，我們沒理由給人家添麻煩。你這麼思念萩原君也是沒用的，因爲他早就不愛您了。親愛的小姐，我現在再求求您，別再想他了！」

但朝露哭著回答：

「阿米，可是我無論如何就是難不想他！那符咒只要花百兩黃金就能撕掉……再一次就好，我求妳，阿米！只要讓我與萩原君再見上一面——算我求妳了！」朝露一說完，臉便埋進長袖中，啜泣不已。

「唉，您爲何要叫我做這些事？」阿米說道。「您也知道我身無分文。我苦口婆心說了這麼多，但既然您還是這麼堅持，我看我還是得在明晚之前籌到錢。」於是，她轉身對那位叛徒伴藏說道：「伴藏，我告訴你，萩原君身上帶著海音如來的御守，我們無法接近他。所以你得不擇手段拿下這御守，還有撕掉貼在門上的符咒。」

伴藏怯怯諾諾地答道：「這我也辦得到，只要妳保證給我百兩黃金。」

「好了，小姐，」阿米說道，「您可以等到明晚吧？」

「阿米！」朝露啜泣，「今晚又是見不著萩原先生就得回去嗎？太殘忍了！」

於是，朝露痛哭的幽魂，便被阿米帶回家。

十

一天就這麼過了。此時又是另一夜降臨，死亡也隨之而來。然而今晚萩原宅前再也沒有任何啜泣聲，因爲叛徒傭人在丑時拿到了酬金，依約撕掉了符咒。他更趁新三郎入浴時偷走御守內的金牌，改換成銅製的贗品，而且在荒郊某處把那海音如來的金牌給埋了。於是，再也沒有什麼能阻擋這兩位訪客。她們執袖遮臉，宛如飄飄煙霧，從撕去符咒的小窗進屋。沒有人知道隨後屋內發生什麼事。

隔天，伴藏又來到主人住處敲門，此時已是日正當中。今天是多年來頭一遭屋內無人應答，這寂靜讓他害怕起來。他不停喚著主人，屋內依舊毫無回應。伴藏在美音的協助下進到了屋內，獨自逕直走向寢室，大聲呼喚，只是房內依舊沒有回音。他拉起門簾，讓日光照進屋內，但屋內仍無動靜。最後，伴藏鼓起勇氣，掀開蚊帳。但他一往內看，隨即驚恐大叫，飛也似地衝出屋外。

新三郎死了，而且死狀悽慘，他的遺容就像受到極度驚嚇而死。躺在他身邊的，是一副女人的骸骨！那骨骸的雙臂及手掌正牢牢掐住他的脖子。

十一

面相師白翁堂勇齋在叛徒伴藏的請求下，前來看遺體。這位老人第一眼看到時，既驚嚇又震驚，但他還是仔細察看。勇齋很快就發現，貼在屋後小窗上的符被撕掉了，他在新三郎遺體下翻找，也發現御守中原有的金牌遭人抽走，被以不動明王的銅像調包。他立刻懷疑是伴藏搞的鬼，但整起事件太過詭異，於是他決定在採取下一步之前，先和高僧良石討論。在仔細看過遺體後，勇齋便速速趕往新幡隨院。

良石不待勇齋告知來訪的目的，立刻請他進入密室。

「本院永遠歡迎您隨時來訪，」良石說道。「請隨意……很遺憾，我要告訴您新三郎過世的消息。」

勇齋訝異地驚呼：「對，他死了。可是您怎麼知道？」

高僧答道：「萩原是遭惡業所害，而且他的家僕並非善類。新三郎原本就在劫難逃，他的命運在前世便早已注定。您切勿爲受此結果困擾。」

勇齋說道：「我曾聽聞，清心寡欲的僧人能預見百年內的未來，但這次我才眞正親身領教到這法力的高強。不過，還有一件事令我不安，那就是……」

「您指的是，」良石打斷勇齋所言，「遭掉包的海音如來御守。您無須擔心。這金牌被埋在荒郊外，明年八月會被發現，回到我手中。所以切莫煩惱。」

越來越驚訝的面相師大膽地說道：

「我研究過陰陽占卜之道，而且也以爲人算命維生，可是我不解您如何通曉這些事。」

良石嚴肅地回答：

「別管我怎麼知道……現在我想和你討論萩原的葬禮。萩原家族當然有其自家的墓地，但不宜將他埋在該處。他得葬在飯島朝露小姐的墓旁，因爲他們倆有非常深厚的因緣。而且必須由你出資建墓，因爲你曾受過他許多恩惠。」

於是，新三郎葬在朝露旁，也就是谷中三崎的新幡隨院墓地。

這就是《牡丹燈籠》的幽魂傳說。

◆◆◆

友人問道，這則《牡丹燈籠》的故事是否吸引我。我回說，我想去新幡隨院的墓地瞧瞧，以更清楚瞭解這位作者研究的地方色彩。

「那我們立刻出發吧。但你對當中角色有什麼想法？」

「以西方的角度來看，新三郎是個卑鄙小人。我在精神上把此人和西方敘事文學中的眞愛情侶相比。他們都十分欣然地與死去的愛人共赴黃泉；然而身爲基督徒，這些情侶相信人只能活一次，可是新三郎是個佛教徒，佛教徒相信人有無數前世和來生，他卻自私到無法爲了一個爲他而從黃泉復返人間的可憐女子放棄此生。與其說他自私，他更是懦弱。雖然新三郎身爲武士、而且受武士訓，他還是得求助高僧以避幽魂糾纏。無論如何，他都證明了自己的可鄙卑劣。朝露確實是該把他掐死。」

「不過從日本人的觀點來看，」友人回應，「新三郎也相當卑劣。但作者如果不利用這個懦弱的角色，就發展不出一個這麼帶有張力的故事。我認爲，這故事當中唯一吸引人的角色是阿米，這是一種古時的忠誠、深情的僕人類型。她聰慧、精明、機智，對主人的忠心不管生前或死後都不渝。還有……唉，不多說了。我們去新幡隨院吧。」

我們發現新幡隨院相當無趣，而且墓地一片荒蕪。過去曾是墓地之處，如今點綴著幾片芋葉。當中的墓碑東倒西歪，碑文也因爲塵垢，難以辨讀，僅剩空蕩的台座、四散的水缽，還有斷頭缺手的佛像。近日的雨水浸潤著黑色土壤，使得此處成了一座泥濘的小池，其間還有許多跳躍的小青蛙。除了芋葉，這裡的一切似乎早已多年無人聞問。進門之處有座小屋，我們發現有位女子正在備餐，於是友人便上前冒昧請教她，是否知道《牡丹燈籠》故事裡提及的墓碑細節。

「啊！朝露和阿米的墓是嗎？」她微笑答道。「就在院後第一排的盡頭，地藏王菩薩旁邊。」

如此令人驚訝的親切感，我也曾在日本他處感受過。

我們在芋葉的新綠間跳著穿過積著雨水的小塘，這些芋葉肯定吸收了許多「其他」朝露和阿米的養分。我們來到盡頭兩座長滿苔蘚的墓碑，上頭的碑文似乎已被磨平。在較大的碑旁，則是一座斷了鼻子的地藏王菩薩像。

「這些墓碑不好辨識，」友人說道，「可是，等一下！」他從袖中取出一張白紙鋪在碑上，開始用一塊黏土磨紙拓印碑文。磨著磨著，抹黑的紙上便開始出現白色的字跡。

「寶曆六年（一七五六）三月十一日——子歲，兄，火……這似乎是根津附近的一個名叫吉兵衛的旅館主人的墓。我們再看看另一個碑上寫什麼。」

他拿出另一張乾淨的白紙，立刻拓印出另一個戒名，讀著——

「『圓明院法曜偉貞謙志法尼』。這不知道是哪位尼姑。」

「眞是個大騙子！」我大叫。「那女人只是想尋我們開心罷了。」

「你這麼說，對那女人就不公平了」友人反駁。「你到這裡來，只是因爲想得到一個刺激的答案，她已經盡力滿足你了。你該不會認爲這怪談眞有其事吧？」

柒

佛足印

一

我最近訝異地發現，大英博物館內由威廉．安德森教授[26]所做的日本及中國繪畫目錄當中，有這段值得注意的文字：「日本的佛陀像底部絕不露出雙足或底座，一如阿姆勞蒂（Amravati）遺跡中的佛像，以及許多其他印度藝術文物。」事實上，這樣的表現形式在日本並不罕見。不只在石像上，在宗教繪畫裡——尤其是寺院內的掛軸，也能發現這種表現方式。這些掛軸通常會將足印大大地畫出，同時綴有大量神祕符號及文字。佛像則相對沒那麼普遍，但光在東京我就見過不少「佛足印」，而且也許還有幾座我沒見過。其中在兩國橋附近的回向院有一座，小石川的傳通院有一座，淺草的傳法院有一座，此外位在芝公園的增上寺內也有一座優美的例子。這些都不是從單一顆石頭刻出的，而是由幾塊碎石接合出不規則的傳統形狀後，再覆上一片非常重的根府川花崗岩；石蓋磨光過的那一面則有約十分之一吋深的刻痕。我判斷這些基座平均約高二呎四吋，最長直徑大約則是三呎寬。大多數的佛足印周圍會刻上十二束的菩提樹葉和樹芽。所有佛足印的紋樣大致都相同，但碑座的質感及作工則是參差不齊。增上寺的佛足印側面刻著一片淺淺的浮雕，是上述四例當中最華麗、也最昂貴的一座；回見院的佛足印則相對地簡陋、樸素。

26／威廉・安德森（Prof. William Anderson, 1842-1900）：英國皇家學院教授，也是日本藝術品的收藏家及學者。安德森在一八七三至一八八〇年間長住日本時，收集了二千餘件的中國及日本繪畫，大英博物館在隔年將之納爲館藏。

日本第一座佛足印立於奈良的東大寺，是依中國一座類似的石碑而設計，據說完整複製自印度的原版。至於這個印度原版的佛足印，一本古書中曾記載著如下這段傳說：

摩揭陀國的精舍中有一座大石，佛陀曾踏踩此石，其足印仍留在表面。佛陀足印長約一呎八吋，寬約六吋有餘。雙足足印上都有一個輪相，十根腳趾印上都有一朵花，有時還會映現光芒。當佛陀感覺到自己即將超脫進入涅槃時，他動身前往拘尸那，那座大石就在此地。佛陀面朝南方，站在大石上。接著他對門生阿難說道：「吾在此留下最後足印，此國國王雖會試圖摧毀足印，但無法完全滅壞。」的確，足印至今依舊未有損毀。曾經有位憎恨佛法的國王削去此石上層，意圖抹去足印，然而表面雖遭磨除，足印卻再現石上。

至於足印示現的美德，有時會引用《觀佛三昧經》的文字來說明，我翻譯如下：「當時釋迦牟尼抬起腳……當他抬起時，腳下出現千幅輪相……釋迦牟尼說道：『無論誰看見我足下的千幅輪相，都可除去一身罪孽惡劫。』許多其他日本佛經文字也證實，無論誰看見這佛足印，『都能洗滌業障，引入解脫之道。』」

有一座日本佛足印基座上雕刻的佛足印外形，應該會引起熟悉聖足山[27]

27／聖足山（Sri Pada）：斯里蘭卡中部的一座山峰，高二二四三公尺。峰頂上有一座寺廟，廟內一塊岩石上有一巨大足印，長約一點八公尺。佛教徒認爲，這是釋迦牟尼講法時所留，也有人認爲是他離開塵世時所留。聖足山上的是左腳印，右腳印則留在泰國境內。

上那些印度雕刻者的興趣。這是傳通院內兩個相當傳奇的佛足印（圖一）。從圖中可看出七枚圖案，也就是所謂的「七相」。我從淨土宗典籍《諸回向寶鑑》中對此略知一二。本書也收錄這雙足跡的粗略版畫，其中一幅我重製在此（圖二右），好讓大家注意到鑲嵌在腳趾上那些圖案的趣味性。據說那些是「卍」字的變形，但我有點懷疑。在摩揭陀的傳說中，這個圖紋是花，然而畫中圖樣卻是火焰。雖然那輪廓確實相當類似佛教傳統的火焰裝飾，但我不禁認爲，那表示的應該是傳統上足跡散發的光芒。而且，《法界次第》也支持這項論點，大意是：「佛足扁平……上有千幅輪相紋路……腳趾苗條、圓潤、修長、筆直、高雅，且散發微光。」

《諸回向寶鑑》對「七相」的解釋雖稱不上令人滿意，但就日本通俗佛教而言，當中也非全無趣味。「七相」一般認爲包括以下幾個部分：

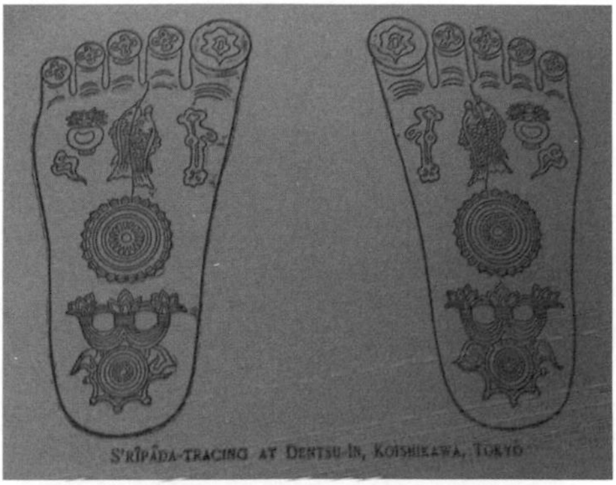

圖一：東京小石川傳通院的佛足印拓本。

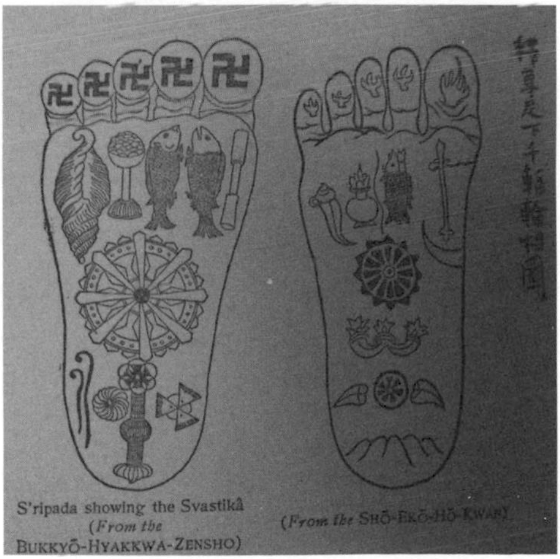

圖二：(左) 有「卍」字圖案的佛足印。
(右)《諸回向寶鑑》中的佛足印拓本。

一、卍字：各腳趾上的圖案據說是卍字的變形。雖然我不確定是否舉世皆然，但我在幾幅呈現佛足印的大掛軸中觀察到，確實是卍字無誤，不是火焰也不是花朵圖樣。日本疏注者解釋，卍字代表「永福」之意。

二、魚：象徵「從束縛中重獲自由」。如同魚兒悠遊水中，在佛家說法裡自然也代表從困頓中圓滿解脫。

三、金剛杵：卽爲「打破現世一切煩惱」的法力。

四、法螺：象徵「傳道說法」。《眞俗佛事編》中記載，法螺象徵佛陀法音。《大悲經》則稱其爲大盛佛教的說法及法力。《大日經》中也提及：「吹之則諸天善神歡喜而影向。」

五、花瓶：象徵「無漏」。意指有絕頂智慧、能超脫生死的神祕詞彙。

六、千幅輪：許多典籍中都有其釋義。《法華文句》提及：「世間車輪。則有摧碾之用。佛之說法。則能摧碾衆生一切惑業。故名轉法輪也。」而《正理論》也說到：「如世間輪有輻轂輞，八支聖道似彼名輪。」

七、梵王冠佛陀足下：象徵佛陀是諸神之神。

但我認爲，佛足印上的這些圖紋都有這些象徵之外的意涵。傳通院上的佛足印便是典型的例子。基座靠近表面的另一側，爲了符合方位，依序刻著胎藏界五如來徽號的五個梵字，以及經文和紀念文字：

放光般若經云　爾時世尊　放足下千幅輪相光明

乃至其見光明者　畢志堅固　發無上正真道意

觀佛三昧經云　見佛跡者除卻千劫極重惡業

佛說無量壽經云
佛說遊履　國邑丘聚　靡不蒙化　天下和順
日月清明　風雨以時　災厲不起　國豐民安
丘戈無用　崇德興仁　務修理讓

明治十八年五月　闔山和合衆等造立佛足印一基
安置傳通院大殿前　是欲盡未來際令大菩提種子增進佛道也
當山第六十六世沙門泰成謹記
少菸菩循誘敬書

二

佛足印看似巨人的腳印，但這大小遠比不上其象徵的人格；當我一想到這足印雕刻，腦海中便湧現一些有趣的事情。二千四百年前，出於對「存在」的苦痛與神祕的孤獨冥想，印度一位朝聖者的心識帶來了人類所知的最高眞理，並在那個對科學一無所知的時代中，就已提出早於我們現代進化論哲學的最高知識，那包括生命合一的祕密、唯物及唯心的無限幻象，以及衆宇宙的生與死。他藉著純粹的眞理，和在我們這個世代之前的孤獨身影，找到解答生命從何、往何及爲何的珍貴答案。他將這些答案轉化爲比其先祖教條更加崇高的信仰。他宣揚，而後回歸塵土；後人便因其傳授的慈悲之心，敬拜著他離世的足印。

隨後亞歷山大、羅馬帝國及伊斯蘭先後崛起，繼而衰亡；國家紛紛誕生，紛紛滅絕；城市繁盛，城市凋謝。比羅馬人更浩瀚的另一個文明子孫圍攻征服地球，建立一個來自遠方的帝國，最後征服並統治這個朝聖者誕生的國度。而受益於這二千四百年來豐富智慧的他們，讚嘆這位朝聖者信息當中的美麗，將他所說所為的一切，以他在世傳道時猶未出現的衆語言記錄下來。而他的足印在東西雙方依舊燃燒著，廣大的西方也同樣驚訝地跟隨著腳步，追尋無上解脫的光明。而古昔的彌蘭國王也跟隨那先比丘的信念——他起初只仿效希臘人的巧妙法則道問，隨後便心懷尊敬，採納了比丘更崇高的道法[28]。

28／此指的是印度－希臘王國國王彌蘭（Milinda）向佛教比丘那先（Nagasena）問道的故事。後來集結成佛教經典《彌蘭陀王問經》。

捌

嗚嚎

她宛如狼般精瘦，而且相當蒼老——她是一頭夜裡在我門前看守的白狗。打從街坊鄰居那些年輕人年紀還小時，她就和他們玩在一起。住進這棟房子那天，我發現此處正是由她看管。聽說即使房客來來去去，她都守著這地方；箇中原因，顯然是因爲她就出生在後院的木棚內。無論房客待她是好或壞，她都盡忠職守地看顧著此處。她從不擔心食物或酬勞，因爲街上大多數人家每天都會提供她溫飽。

她溫馴又安靜——至少在白天不吵；雖然她瘦得可怕，耳朵又尖，眼神看起來也有點令人不舒服，但大家還是喜歡她。孩子們會騎在她背上，隨意捉弄她；即便她以能嚇跑陌生人聞名，她也不會對孩子們咆哮。她極富耐心的善良個性，換來的便是鄰里間的友善對待。每當捕狗隊半年進行一次例行巡察時，鄰居們會保護她。有一次，就在她快被處決的緊要關頭，鐵匠的妻子趕忙跑去救了他，順利地從警察率領的撲殺下保住狗兒的性命。

「說出她主人的名字，」警察說道，「那她就能留下活口。這是誰的狗？」

這個問題很難回答。這狗兒是大家的，但也不是大家的——鄰里都接納她，但她不屬於任何人。

「那她住在哪兒？」這問題更加複雜。

「她住在，」鐵匠之妻答道，「一個洋人家裡。」

「那麼把這隻狗放在那外國人名下。」警察建議。

於是，我的名字就被人以日文畫在了她的背上。但鄰居們不認爲光憑一個名字就足以保證她的安全，瘤寺的僧人因此便在狗身左側，用美麗的漢字寫上寺名，鐵匠把鋪名寫在她的右身，而菜販也在她的胸前寫上

「八百」兩字，也就是「八百屋」（菜鋪）的習慣簡稱，這八百是喻意店內商品繁多，超過八百多樣。結果這隻狗現在的外貌相當怪趣，但也得到身上文字妥善的保護。

我對她只有一點不滿——她會在晚上嚎叫。嚎叫是她生活裡少數幾樣可憐的娛樂之一。起初我試圖恐嚇她，讓她改掉這個習慣，但卻發現她不接受；於是，我只好讓她繼續，況且打她又太過殘忍。

但我還是很討厭她這樣叫。那總會給我一種說不上來的不安感受，宛如惡夢帶來驚慌之前的不安。這嚎叫聲讓我害怕，難以形容、迷信地害怕。你也許會覺得我可笑，但倘若你聽過那叫聲，就不會這麼想了。她的叫法不像一般街上野狗那樣，而是屬於更原始的北方品種，她更像狼，仍保有獨特的野性特徵。

而且，她的嚎叫聲同樣特別。那聲音比任何歐洲的狗叫聲都更顯詭異；我想那是遠古時代的叫聲——那可能象徵著她一族原初的叫聲，即使經過數百年的馴化，依舊沒有改變。一開始是悶哼聲，就像做惡夢時的呻吟，隨後音量漸次拉高成一陣長長的哀嚎，宛如狂風呼嘯，而後逐漸顫抖地消失成竊笑，但隨之又再次哀嚎，而且比之前更加高亢、狂野，卻又突然轉變成一股駭人的笑聲，最後再以宛如嬰兒啼哭般的啜泣作結。這段演出的恐怖之處，主要——但非全部——是在那猶似妖精的嘲笑聲調與慟哭般的哀嚎相互呼應，這種不和諧感會讓你聯想到瘋狂。我想像這生物靈魂中那相呼應的不和諧感。我知道她愛我，而且她會毫不猶豫地爲了我犧牲自己那微不足道的性命。如果我死了，她肯定會萬分悲痛。但她的舉動不像其他狗兒那般，例如一隻會豎起耳朵的狗兒。她的本性太過原始，因此做不出那種行爲。如果她在荒野中與我的屍骨孤獨相伴，她應該會先狂野地爲我致哀，但結束後便會用最簡單的方法，抹去她的傷痛，也就是用她那副如狼般的利齒啃噬我的屍骸。隨後，她會懷著純淨的心靈，坐對月光，吐露她承繼自遠祖的哀痛吶喊。

那叫聲讓我內心在充滿特別詭異的恐怖感之餘，也充滿古怪的好奇，因爲嚎叫聲中的某些特定重音總出現在某個同樣的段落；那必然代表著動物說話的特別形式。那整段叫聲宛如歌曲，一首充滿非人類情感及想法、因而無法從人類角度想像的歌曲。但其他狗兒懂得這叫聲正訴說些什麼，而且夜裡會在數哩外之跟著應答，那距離有時遠到你得拉長耳朵才能聽到模糊的回響。叫聲中的話語（如果我能以「話語」稱之）不多，但根據當中傳達出的情感判斷，其中必然含有許多意義。也許那代表著千萬年前的那些事，與氣味、呼吸，還有遲鈍的人類感官無法理解的感應和交流有關的那些事。那同時也代表衝動，一種在狗兒魂靈中受月光翻攪的無名衝動。

如果我們能理解狗兒的感覺——狗兒的情感及想法，我們可能會在這個生物的個性和牠的嚎叫聲所喚起的奇特不安感的特質當中，發現某些奇特的相應之處。不過，既然狗兒的感官跟人類的截然不同，我們便永遠無法理解。我們只能以最模糊的方式，推測內心不安所代表的意義。長嚎聲當中某些最奇怪的音調，竟詭異地有如人聲中表達痛苦和驚懼的音調。同樣地，我們也有理由相信，那哭嚎聲在人類想像中便涉及了某些遠古時期特別的恐懼印象。值得注意的是，包含日本在內，幾乎所有國家都認爲狗哭嚎是因爲牠們察覺到了人類看不見的恐怖事物，尤其是鬼神；而這個放諸四海皆準的迷信認爲，在狗哭嚎而引發的不安感中，其中一個元素便是對超自然的恐懼。

我們如今已不再自覺地畏懼不可見的事物，因爲我們知道人也是超自然的；即使是有血有肉的人類及他一生的感知，也都比昔日任何想像中的幽魂更顯鬼魅。但某些源自原始恐懼的朦朧感受依然蟄伏在你我內心；它有時會甦醒，像是呼應夜間哭嚎聲的回音。

人類肉眼看不見的東西，無論是什麼，狗兒的感官有時都能察覺得到，而且那些可能不像我們認知中的鬼魂。狗兒驚懼哀嚎的神祕肇因，十之八九都不是因爲他「看見」了什麼。解剖學上沒有論點假設狗兒擁有獨特的通靈之眼，但狗的感官能力在嗅覺上確實遠勝於人類。世人常久以來普遍認爲狗兒擁有超凡的知覺，這個想法乃建立在事實之上；然而，狗的超凡知覺並不在視覺上。如果狗嚎眞的是因爲見鬼而害怕——世人過去就曾如此認爲——那意思也許是說「我聞到它們了！」而不是「我看見它們了！」這世上沒有證據可佐證大衆對狗能看見任何人類看不見的形體的奇想。

然而，身旁這隻白狗在夜裡的哀嚎逼得我不禁好奇，她是否在精神上看見了某種確實可怖的事物，某種我們避免讓它進入道德意識、但卻徒勞無功的事物，那就是殘酷的生命法則。不僅如此，在我聽來，她的嚎叫有好幾次幾乎不只是狗叫而已，那叫聲甚至就是那生命法則本身的聲音，是詩人難以理解的以愛、慈悲與神聖稱之的自然語彙！在某些不可知的終極面向中，也許可以神聖稱之，但那絕非慈悲，更無法稱之爲愛。萬物全靠互食互噬才存在！這個世界看在詩人眼中也許美麗，還帶著愛、希望、記憶與願望；然而，生命是藉不斷的殘殺才得到餵養，沒有什麼堪比這個事實更加美麗。最溫柔的情感、最崇高的熱情，還有最純眞的理想，也都得靠食肉飲血才能得到滋養。所有生命爲了維生，都得吞噬另一個生命。如果你高興，你可以幻想自己是神，但你必須遵守那法則。如果你願意，吃素吧，然而你依然得吃下有感情及欲望的生物。如果你不吃有生命的食物，那麼就無法消化。你甚至連喝水都會吞下生物。儘管我們憎恨這個名稱，但我們就是食肉動物。萬物在本質上都是生物鏈中的共同體，而且無論我們吃的是植物、蟲魚鳥獸，甚至食人，最終都一樣。所有的生命終將走向同一個終點——無論是土葬或火葬，萬物都會被大地吞噬，而且既非一次兩次，也非數百、數千或數萬萬次！想想我們行走其上的土地，我們誕生之處；想想從大地中生長而出，卻又變成人類盤中飧的數百萬消逝生物！人不斷吃著我們同族同種的塵骸——你我過往自身的本質。

但甚至所謂的無機物也會自我毀滅。物質會掠奪物質。就像在一滴水裡，一個單細胞生物會吞食另一個單細胞生物，浩瀚太空中的星球也會相互吞噬。星星將生命帶進天體，也毀滅天體，行星也會吸納自己的衛星。所有一切都是永無止盡、而且周而復始的貪婪掠奪。無論是誰在思考這些問題，對他們來說，一個由父愛般的力量所創造及掌管的神聖宇宙，聽來都比相信亡魂會被衆神吞噬的玻里尼西亞傳說更難教人信服。

這個法則看來或許殘酷駭人，因爲人類發展出了與險惡的本性背道而馳的想法與情感，就像人自主的動作是在對抗地心引力不可見的威力。然而，擁有這樣的想法和情感卻加重了人類處境的殘酷，絲毫沒有減緩最終問題的黑暗面。

無論如何，東方信仰在解決這個問題上更勝西方信仰。對佛教徒來說，宇宙稱不上神聖，反而完全相反。它是由因果報應組成，是罪過的思想和行爲的產物；它也不由上蒼治理；宇宙卽是恐怖，是夢魘，亦是幻象。這宇宙看似爲眞，就像對做夢的人來說，噩夢形貌和苦痛都那麼逼眞，是同樣的道理。人生在世就像睡眠的狀態，但我們不會完全熟睡。我們身處的黑暗當中仍可見些許微光，那就是愛、憐憫、同情及寬容的矇矓曙光。這些情感既無私又眞誠，既永恆又神聖；這些卽是四種無限情感，所有的形體與幻象在其餘暉當中都將消散無形，好似晨光中的迷霧。但直到被這些情感喚醒之前，我們的確就像被陰影般的恐懼所折磨的作夢者，在黑暗中無助地嗚咽。所有人都在夢中，沒有人完全清醒；而且許多傳遞世間智慧的人所知的眞理，甚至不若我那會在夜裡嚎叫的狗。

如果我的狗會說話，我想她可能會提問沒有任何哲人回答得出的疑惑。

因爲我相信她正苦於生的痛苦。當然了，我不是指這個謎團對她和對我們有同樣的意義，也不是說她能藉由像我們這樣的智性思考，獲得任何抽象的結論。對她而言，外在世界就是「一連串的味道」。她藉由氣味去思考、比較、記憶和推理。她靠氣味做出評判，所有的判斷都在建立在氣味上。嗅聞千種人類根本無法察覺的味道，她得用我們毫無頭緒的方式去理解。無論她知道什麼，都是透過一種我們全然無法想像的心識運作學得。但我們或許可以頗爲確定，她昦藉由某些與氣味相關的捕食經驗，或害怕遭捕食的直覺來思考大多數的事情。

對於我們踩踏的這片土地，她知曉的訊息絕對多過我們的所知。如果她會說話，她可能會訴說關於空氣和水最奇特的故事。無論她這般通透的感官能力是恩賜或是折磨，她對明顯現實的認知，肯定遠不及對於隱而未見的。如果她會對著照亮如此世界的月亮嚎叫，我也不覺得太奇怪！

但在佛教的境地中，她比我們許多人還來得清醒。她有一種粗野的道德法則——忠誠、服從、溫馴、感恩及母愛，還有其他衆多次要的品行舉止，而她總是奉行這簡單的誡律。從僧人的角度來看，她的心識處在黑暗的狀態，因爲她無法學習所有人類應當學習的事物，但由於她的良善，她做了許多足以讓她在來生得到善報的功德，認識她的人都這麼認爲。當她離世時，大家會爲她辦一場簡樸的葬禮，誦經超渡。瘤寺的僧人會在寺院某處爲她安一座小墓，在墳上放上一座寫著「如是畜生發菩提心」的小卒塔婆[29]。

29／卒塔婆：插在墓碑後方，寫上經文的木板。

玖

短歌

一

對於一個數世紀以來，普遍將詩歌視爲表達情感方式的民族，我們自然也會認爲其尋常的人生理想應當頗爲高尚。和其他國家的上層階級相較，我們民族的上層階級可能仍猶未及，但可肯定的是，日本底層階級在道德及其他方面，確實比西方同階級還更進步，而日本社會的確也呈現出如此氛圍。

詩歌在日本就像空氣，存在於每個人心中，人人都讀詩歌，幾乎人人也都創作詩歌，不分階級貧富。詩歌不是只存在精神層面上——它處處可聞，甚至處處可見！

關於處處可聞的詩歌，只要在工作場合，就聽得到詩歌吟唱。農事辛勤與街頭勞動都被唱進詩句音律中，表達人生短暫猶如蟬的生命周期。至於訴諸文字閱讀的詩詞，它俯拾即是；無論是寫的或刻的，是漢字或假名，都是一種裝飾形式。

你也許會在數以千計的家屋中看到隔開房間或凹室的屏風，上頭有中文或日文的裝飾文句，這些文句正是詩詞。而在較富貴的人家中，通常會掛出一些「額」，是一種掛起來欣賞用的匾額。匾額無論橫豎，或是上頭畫些什麼，都會寫上優美的文字。幾乎任何一種土產器皿中也可見詩詞蹤影，例如火盆、鐵壺、花瓶、木盒、漆器、瓷器、高級竹筷——甚至牙籤！詩詞也畫在店頭招牌、壁板、簾幕或團扇上。詩詞也印在浴巾、帳幔、窗簾、手帕、絲質內襯及女性絲質內衣上。詩詞也印上或畫在信紙、信封、錢包、鏡匣、旅行包等。詩詞也鑲嵌在搪瓷[30]，刻在銅器、雕在金屬菸管、繡在菸草袋上。若想一一數盡上頭有詩句的物品，無疑是緣木求魚。

各位讀者也許知道眾人吟詩作對後將詩詞掛在開花樹上的日本習俗活動；七夕時爲了紀念牛郎織女，也有同樣的習俗，在色紙上寫下詩詞後繫於竹枝，這景象甚至在路旁便可看見。當色紙隨風飄揚，就像許多小旗子。也許你會發現某些日本村莊中不見樹木也沒有花朵，但絕對沒有哪座村莊是看不到題詞的。你也許——我就會如此——也許會流浪到一處貧困到你得不到愛、錢，甚至討不到一杯茶的村落；但我不相信你會發現一處無人能吟詩作對的地方。

二

最近我在細讀某本多為抒情或敘事短歌的詩歌手稿集時起了念頭，心想，從當中擷選部分詩句，或許能勾勒出某些日本式的情感特質，以及某些罕為人知的日式藝術表現理論。於是我立刻大膽動筆，寫下這篇文章。

這些由不同人、在不同時空下蒐羅而來的詩歌，主要是為了特別時節所寫，體裁也較西方詩歌更為密集或簡短。少數讀者可能會發現關於這種詩歌體裁的兩個有趣事實。這兩點都可在我的選集過程及文本中找到例子，雖然

30／搪瓷（Enamel）：又稱「琺瑯」，指將玻璃或陶瓷質粉末熔結在基質（如金屬、玻璃或陶瓷）表面形成的外殼，多為彩色具有藝術美感的花樣，用於保護和裝飾。

我不敢期待在我的翻譯下能重現原文所要傳達的事物，無論是意象或情感。

第一個有趣的事實是，日本從遠古時期就已開始創作短歌，而且詩歌身具道德任務，不是只有藝術成分。當時倫理的教誨有點類似：「你生氣嗎？別口出惡言，寫首詩吧。你痛失至愛嗎？莫沉浸於無謂悲戚，藉寫詩讓自己平靜。你大限將至，卻仍苦於未竟之業？勇敢點，寫首死亡之歌吧！不管不公或不幸如何煩擾，且擱下怨懟及擔憂，寫首樸實又高雅的短歌，做為道德的實踐吧。」因此，在昔日，每種痛楚都能連結到一首詩。生離、死別、災難，都可以化為幾行哀歌。因貞操被奪而欲求死的女子，在割喉自盡前寫了一首詩。武士切腹自絕前，寫了一首詩。甚至在較不浪漫的明治時代，決心赴死的年輕人通常也習慣在離世前寫些詩歌。在厄運時寫首詩，現在也依然是個好習俗。我時常聽聞，詩歌多是在最苦悶、困頓、甚至死前時刻所寫成。即便這些詩歌當中不見任何超凡天分，至少也是人在苦痛中猶能自制的明證。將這詩作爲倫理實踐，這肯定比其他以日本體裁創作的詩歌更加有趣。

另一個有趣事實是在美學理論上。在現代的認知下，詩歌的藝術原則和日本繪畫的原則完全相同。短歌詩人藉由寥寥數字，創造出宛如畫家以幾道筆觸所表達的效果，也就是激發出一道畫面或意境，藉以喚醒感官或情感。而要達到此目的，無論是詩人或畫家，都得全然依賴暗示的能力，而且唯有此法。所以，一個日本畫家若試圖苦心擘畫、重現在某個春日早晨的蒼霧、或是在秋日午後的金陽中所見的某些景象細節，他很可能會被責難。他不僅違背了自己文化的藝術傳統，也必然因此毀了自己的目標。同樣的道理，一位詩人也可能會因爲在短歌中完整傳達出情感而遭受非議：詩人的目的應當聚焦在挑動情緒，而非豐富想像空間。因此「逝ったっきり」一詞——意即「全部消失」，意指「一字不漏」——便被用作輕蔑地形容那些被詩人道盡想法的詩作。讚美則會留給那些留下心中未言悸動的詩歌。就像寺廟大鐘只撞一次的聲響，完美的短歌應該要在聽者心中呢喃、起伏，餘韻幽幽不絕。

三

日本詩歌也因此緣由而被認爲類似日本繪畫。要完全理解日本繪畫，需要深入熟知它們所反映的生活。在詩歌的情感層面尤其如此——對西方人來說，要體會絕大部分詩作當中的文學轉譯意涵並不容易。例如這兩行詩，在日本觀點便相當哀傷：

蝴蝶雙飛舞，
去年愛妻逝。

除非你剛好知道蝴蝶在日本象徵幸福婚姻，而且古禮上新婚夫妻都會獲贈一對大型紙蝶，否則這兩行詩可能就難以理解。再舉某位大學生近期受到評論家讚揚的這首詩為例：

故鄉父母居，
蟲兒聲聲喚。

這詩人是位來自鄉下的小夥子，他在陌生荒野中聽見蟲兒的秋日合鳴；這聲音喚醒了他對遠方故鄉和雙親的回憶。但以下還包含一個比這兩句還要動人的情感——雖然從翻譯中看不出來：

嗚呼！
風刺透心扉，
帳子纖指作！

這是什麼意思呢？這意指一位母親的喪子之痛。「帳子」是日本家戶以透白紙張做成的門窗，能讓陽光穿透進來，又具有遮蔽效果，就像毛玻璃，室外的人看不見室內，且能防風。小孩喜歡用手指戳破紙窗：讓風從洞口吹進來。風的確吹得人寒心，因爲對母親來說，風穿過的正是那已逝的愛兒戳破的小洞。

這些潛藏詩句當中、不可能透過轉譯確實傳達的隱晦意涵，現在就清楚多了。無論我再怎麼努力表達這些隱喻，都必定「全然消失」，因爲意在言外的東西必須表現出來。況且日本詩人能用十七綴音乃至二十一綴音表現出來的詩，若用英文，可能需要至少兩倍才能譯出。但這情形也許能帶給以下這幾句詩中的情感表現元素一種額外趣味：

母の懐出

冬の夜や遠くきこゆる咿唔の声

—

母之懷想

透澈美夜中，童子讀出聲，

令吾心分神，憶起亡故兒。

春の記憶

うつり香を軒端の梅にとどめ置さて

さこえにし妹はいづちいのけん

—

春憶

她至此離去，化梅簷下綻，

她迷人的青春美貌，及純真的少女心，加速花朵綻放飄香——

啊！不知如今她身在何方，我們至愛的亡妹？

別の信仰の空想
墓訪へば杉に鳩鳴く暮の秋
風そよと墓石への桐の一葉かな
ねかづけば墓から蝶の舞ひあがる
—
其他信仰的幻想
我在墓園尋找故友之墳：野鴿在老松上鳴叫。
颼起的怪風，也許是回憶的象徵——我為亡者獻上這水面上的一片落葉。

我在墓前誦經：舞蝶飛過——也許是摯友之魂！

夜の墓地にて
墓にそゝぐ水やむかしの月の影

——

夜墓
這水面上的月影我獻給亡者，
與昔日一如往常的月光。

長き不在ののち
廢園に月の昔を懷ふかな

——久違之後
我曾愛過那個花園，甚至裡頭的籬笆，
如今一切都已改變且陌生：只有月光依然——
只有月光依然記得時光迷人地流逝！

海上の月
海に入って生れかはらばや朧月
——海上之月
朦朧的春月！——沉入海中

使我重生，一如水中光芒！

別れて後
方角も知らぬ海なり春の月
——
離別之後
去吧無論哪裡！瞧？何處是離別？
邊界已消失；——一無指引：
只有月光下荒蕪之海！

幸福な貧乏

破れ窓もうれし梅が香風のまに

——幸福的貧乏

梅香在房間飄盪，破窗變成喜悅之鄉。

秋の思

萩枯れて松虫何を夢むらん

秋行くと告ぐるにや鐘遠くより

ふるさとの木の蔭懐ふ秋の月

——秋思

三葉草已枯萎——松蟲在秋日荒野夢見什麼？
夜鐘聽來格外哀傷——或許聲聲喚著秋日漸逝之夜！
望秋月，憶起故鄉同一道柔光——及老家的夜影。

悲みの折蝉をきいて
世の中は蝉の抜殻何を泣く
—
悲聞折蟬鳴
咿咿，可笑的蟬鳴！
眾人均知，世界如蟬殼。

知の力の壮大
濁れるも澄めるもともに容る々こそ
千尋の海の心なりけれ
—
智力的崇高
澄淨地清濁交融——
並稱為千尋之海之心。
—
神道の畏敬心
怒濤岩を噛む我を神かと朧の夜
—

神道的敬畏心

怒濤拍岩：我在黑暗中自問，

「吾能以神為之？」昏暗的是夜與野！

「吾能以神爲之？」亦卽「我是否已死？在此荒寂之中，我是否只是一縷幽魂？」得道成仙或幻化爲神的亡魂，常被認爲喜愛在荒郊野外飄盪。

四

上述詩作的意象別具畫面，讓人聯想到某些情緒或感覺。但仍然有數以千計如畫般的詩歌並非如此，讓讀者只覺枯燥無味，而不知其原來的意圖。一旦你了解那些華麗詞藻中的意涵，只不過是「水鳥翅膀上的夕陽」或「花開滿園中飛舞著蝴蝶」，那麼你對這些堆砌而來的詩句便會喪失最初的興趣。不過，這些短句自有其眞實的價值，以及和日本美感及體驗緊密相繫的關係。就像在屏風、團扇或茶杯上的繪畫，這些詩句也藉由喚醒對自然的印象、旅遊或朝拜時的快樂經歷，以及對美好時光的記憶，進而帶來樂趣。而明白了這清楚的事實之後，日本現代詩人就足以適當傳達出對往昔詩風的不變眷戀。

我需要再多舉幾個十足畫意的詩句爲例。以下是最近幾首詩的節錄：

寂寞

古寺や鐘もの言はず桜散る

—

寂寞

古寺抑或是，

鐘均靜默不出聲，

櫻花自凋零。

寺に一夜を過ごしての朝

山寺の紙帳明け行く瀧の音

—

寺廟過夜後翌晨

深山寺廟中，

紙蚊帳陽光普照，
瀑布聲滿溢。

冬景
雪の村鶏啼いて明け白し
——
冬景
雪中村莊裡，
雞隻紛紛頻啼鳴，
破曉見白光。

讓我以引用另一類詩歌來總結這段關於詩歌的話題。這類詩歌在某些意義上同樣畫意，但它的特別之處主要在於巧妙性。那就是即興創作的兩首奇詩。第一首相當古老，是著名女詩人千代[31]的作品。她受挑戰要以十七綴音創作出一首含有方形、三角形及圓形在內的詩。據說她信手拈來，立刻詠出如下詩句：「蚊帳の手をひとつはずして月見かな」意即「掀開蚊帳一角，瞧！我看見月娘！」蚊帳頂端因四角支撐而懸掛在半空，象徵方形；掀開蚊帳一角，便將方形變成三角形；而月亮指的自然是圓形。

另一首十七綴音的有趣詩句，是最近致力描述死不足惜的底層貧窮生活，可能是流浪學生華麗悲劇的即興創作。我很懷疑這精妙詩句還能再上一層樓：

「盜んだる案山子の笠に雨急なり」，意即「傾盆大雨，打在我從稻草人偷來的斗笠上」。

31／加賀千代女（1703-1775）：又稱加賀之千代、千代女或千代尼，號草風。日本江戶時代著名的女俳句詩人。主要作品有《四季帖》、《千代尼句集》、《松之聲》等。

拾

與佛教有關的日本諺語

做爲象徵幾乎未受社會變化影響的道德經驗的特質，一個民族的諺語對思想家來說，一向帶有心理層面的特殊趣味。在這種民間俗諺上，日本口傳及書寫文學的豐富程度，甚至需要集結成一冊，才能將之收入，無法只用一篇文章就道盡全部層面。不過我可以用幾頁篇幅介紹某些特定領域的諺語或俗語，這些都與佛教有關，不是間接提到就是衍生而來，形成一種對我來說特別值得研究的類別。因此，在日本友人協助下，我以簡單易懂且膾炙人口爲原則，選出如下這些例句。這選集當然不具全面的代表性，但仍能描述某些佛教教義對大眾思想及用語的影響。

〇〇一、「悪事身に止まる。」——所有做過的惡業都不會離開身體。

無論幾世輪迴，所有惡業、口業都不會停止報應。

〇〇二、「頭剃るより心を剃れ。」——與其剃頭，更要修心。
佛家的和尚及尼姑都得將頭剃得一乾二淨。此話是說要修心，克服所有徒勞的悔恨及欲望，而非僅止於宗教禮俗。

〇〇三、「会ふは別れのはじめ。」——相見即是別離的開始。
悔恨及欲望在這轉瞬一生都是徒勞；因為所有歡愉都是隨後痛苦經驗的開端。此諺語是從佛經中「生者必滅會者定離」直接引伸而來。

〇〇四、「萬事は夢。」——萬物如夢。
原文即為「一萬種事皆如夢」。

〇〇五、「凡夫も悟れば佛なり。」——凡人參透即成佛。
境遇差異，在於有無最高智慧。

〇〇六、「煩悩苦悩。」——所有欲望都是困擾。

所有感官欲望只會帶來煩惱。

〇〇七、「佛法と薬屋の雨出て聴け。」——我們必須走出屋外，在簷下聆聽佛法或雨聲。

此句暗指僧人應如字面所說「出外接近世人」。這諺語也意指一直住在滿是痴愚及欲望世界，無法習得佛教的至高真理。

〇〇八、「佛性縁より起こる。」——即使沒有因果業報，佛性自己也會出現。

有善報，也有惡報。無論我們此生享受何種幸福，都源自前世的所作所為，而遭逢不幸亦是如此。所有善念善行都會促成人心的佛性往前邁進。第十句諺語對此含意有更深的描述。

〇〇九、「猿猴が月を取らんとする如し。」——宛如猿猴試圖撈起河中月影。

此暗指一個據說是佛陀親自講述的寓言。幾隻猴子在樹下發現一口井，把井中月影誤認為是真正的月亮。於是猴子們決定撈起那明亮的倒影。其中一隻用尾巴勾住樹枝，垂掛在井上頭，第二隻則抓住第一隻，第三隻抓住第二隻，第四隻則抓著第三隻，依此類推，直到這一串猴子幾乎就快碰到水面。但樹枝無法承受如此重量，應聲折斷，猴子們便淹死井中。

〇一〇、「縁無き衆生は度しがたし。」——想解救無緣眾生確實困難。

沒有因果關係可代表完全沒有功過。

〇一一、「不浄說法する法師は平茸に生まる。」——傳授不淨教法的法師應轉世爲菇菌。

○一二、「餓鬼は人数。」——就算餓鬼也可以集結成群。

此句諺語在許多層面都相當常見。普遍用法是指人無論多貧窮困苦，只要匯聚成群，都能集結成一股相當的勢力。詼諧用法則是針對那些悲慘或勞累的人們，有時是一群想要示威的弱小男童，有時是一群看似悲慘的士兵。這些最底層的人常會以「餓鬼」稱呼一個醜陋或貪婪的人。

○一三、「餓鬼の目に水見えず。」——餓鬼眼中看不見水。

某些典籍記載，那些特別因飢饉而受苦的餓鬼，乃因前世惡果業報所致，所以無法看見水。這句諺語意指人太過愚鈍或殘惡，以至於無法體會道德真理。

〇一四、「後生は大事。」——來生才是最重要的事。

普羅大眾常會用這有趣的諺語代表「十分重要」。

〇一五、「群盲の大象を撫するが如し。」——宛如瞎子摸象。

這句話意指那些無智無學地批評佛教教義的人。此諺語出自《六度經》中的著名寓言，描述一群盲人想靠觸摸，確認大象的身形輪廓。其中一人摸到了象腿，便認為大象跟樹一樣；另一位摸到軀幹，便認為大象像條大蛇；第三位摸到側面，便認為大象猶如一堵牆；第四位抓到象尾，便認為大象如同繩子。

〇一六、「外面菩薩に似、內心夜叉の如し。」——外表宛如菩薩，但內心卻是惡魔。

〇一七、「花は根に還る。」——花朵終將回歸根土。

此諺語最常用在與死亡相關的事物上，意指所有形體終將回歸到誕生時的虛無，但也可用在與因果循環有關的情境。

〇一八、「響の声に応ずるが如し。」——恰如回音呼應聲響。

此意指因果教義。只要記得回音重複的即是原音的聲響，那麼就能領會此諺語比喻的哲思之美。

〇一九、「人を助けるが出家の役。」——僧人的職責是解救蒼生。

〇二〇、「火は消えゆれども燈心は消えず。」——燈火雖會消失，但燈芯猶在。

雖然熱情會暫時被打敗，但內心火種猶在。與此諺語相關的句子是：「煩悩の犬は逐うてもまに帰り来ずには居らね。」——雖然趕走了貪婪的狗，但牠依舊會不斷回來。

○二一、「佛も元は凡夫。」——即使是佛陀，過去也只是凡人。

○二二、「佛になるも沙弥を經る。」——就算想成佛，也得先從沙彌做起。

○二三、「佛の顔も三度。」——只要摸三次佛顏。

這句是「佛の顔も三度撫でれば、腹を立つ」的簡稱，意指佛顏被摸三次也是會生氣的。

○二四、「佛たのんで地獄へ行く。」——就算念佛，也還是會下地獄。

此諺語跟另一句常見俗語「鬼の念佛」有異曲同工之妙。

○二五、「佛造って魂入れず。」——造佛，卻沒放進靈魂。

這句話用在描述那些進行某件事物，卻沒完成基本工作。同時也有暗指「開眼」儀式的意思。「開眼」是為讓新塑的佛像藉此顯現真正的佛性。

〇二六、「一樹の蔭、一河の流、多少の緣。」——即使經過一次樹蔭或河流，都是前世因緣而起。

即使一件小事，例如與另一人在樹蔭下休息，或者共飲一瓢泉水，都是某些前世因緣所致。

〇二七、「一盲、主盲を引く。」——一人盲，衆人盲。

〇二八、「因果な子。」——因果之子。

這是對底層人家中不幸或身殘的孩子的普遍說法。這裡的「因果」特別帶有報應意味。通常意指惡報。「果報」則是用來指涉善因及善果。因此不幸的孩子會被稱為「因果な子」；而幸運的孩子則是「果報者」，意即果報之例。

〇二九、「因果は車の輪。」——因果宛如車輪。

對佛教徒來說，因果與車輪並無二致。這句諺語相當於《法句經》中：「中心念惡，即言即行，罪苦自追，車轢于轍。」

〇三〇、「因縁が深い。」——深因緣。

這句諺語普遍用在提及戀人如膠似漆時的情形，或兩位關係親密的人卻有不幸結果。

〇三一、「生命は風前のともしび。」——生命宛如風前的燭火。

或者可解釋為「宛如暴露在風中的一盞燈」。佛教文學常用的詞彙是「死之風」。

〇三二、「一寸の蟲にも五分の魂。」——即使一寸長的蟲，都有五分長的靈魂。

字面上來說，五分等於日本的半寸。佛教禁止殺生，包括一切有感覺的生物。不過一如「魂」字所暗示，此諺與其說是佛教哲學，不如說反映了民間信仰；也就是任何生物，無論多渺小，都有接受慈悲的權力。

○三三、「鰯の頭も信心から。」——藉由信念的力量，即使鰯魚頭都有救人或治療的能力。

鰯魚是體型極小的魚類，相當於沙丁魚大小。這句話暗指，只要禱者抱持完全的信念及純潔的意志，敬拜的對象其實並不重要。

○三四、「自業自得。」——個人前世造業，種下今世之果。

「自業」意指人自身的所為及所想；「自得」在佛教用語中則

有自受之意，幾乎都指厄運。「嗯，這是自業自得。」人們會在看見即將入獄的受刑犯時如此說道。「他現在嘗到犯錯後的苦果了。」

〇三五、「地獄てほとけ。」——宛如在地獄遇見菩薩。

意指在厄運時遇見好友的喜悅之情。

〇三六、「地獄極楽は心にあり。」——人的心中都有天堂與地獄。

這句諺語完全符合高等的佛教教義。

〇三七、「地獄も住家。」——地獄也是住家。

意指那些即使被迫身處地獄的人，也要學習如何隨遇而安，試著創造出最適合生存的環境。

〇三八、「地獄にも知る人。」——就算在地獄，也歡迎故知。

○三九、「影の形に随ふが如し。」——如影隨形。

意指因果教義。可參照《法句經》第二十二章。

○四○、「金は阿弥陀より光る。」——金錢的光芒更勝阿彌陀佛。

阿彌陀為佛教之無量光佛。寺院中的佛像通常會從頭到腳鍍上金身。此外還有其他有關金錢權力的類似詼諧語，例如「地獄の沙汰も金次第」。——有錢判生，沒錢判死。

○四一、「借る時の地蔵顔、済す時の閻魔顔。」——借錢時是地藏王，還錢時是閻羅王。

閻魔即是中國及日本的閻羅王，地獄的掌管及審判者。附圖最能解釋這句諺語，讀者可藉此看出民眾描繪此二神的方式。

○四二、「聞いて極楽、見て地獄。」——聽時天堂，見時地獄。

謠言不可信。

〇四三、「好事門を出でず、悪事千里を走る。」——好事不出門，壞事傳千里。

〇四四、「心の駒に手綱ゆするな。」——絕對不要放開駕馭心中野性的韁繩。

〇四五、「心の鬼が身を責める。」——肉身只會爲心魔所苦。

「心」可用「情」替換。這句話意指我們只會被自己造的業所害。佛教地獄中虐待亡者的厲鬼會告訴受虐者：「別怪我！我只是應你過去惡業及口業而生。這是你自己造的業！」

〇四六、「心の師とはなれ、心を師とはせざれ。」——你要當自己心的導師，別讓心成爲你的導師。

〇四七、「この世は仮の宿。」——此生只是暫宿之地。

「宿」意指住所、庇護所、旅館，而這個字通常用於日本旅人暫時歇腳的路旁休息小屋。「仮」則有暫時、一瞬、轉眼之意，正如佛教一般說法：「この世、仮の世。」——這個世界轉瞬即逝。即使有天堂與地獄，對佛教而言，不過只是邁向涅槃的中途站罷了。

〇四八、「氷を鏤め、水に描く。」——把冰鑲進去，畫在水上。

意指只為了短暫利益卻做出自私行為，是一種徒勞。

〇四九、「ころころと、鳴くは山田の、ほととぎす、父にてやあらん、母にてやあらん。」——在稻田中啼叫的鳥，名爲「不如歸」。牠也許是我父親，牠也許是我母親。

這段歌謠摘自佛經《往生要集》，注解如下：「誰知荒野山林裡的鳥獸，不可能是自己某一世的父母？」不如歸是一種杜鵑鳥。

〇五〇、「子は三界の首枷。」——孩子是三世枷鎖。

這句話是說，雙親對子女的愛，可能會阻礙自己心靈發展，不只在此生，也延伸至來世，就像枷鎖讓人動彈不得。親情是世俗情感中最強烈的一種，因此特別容易出現在因為希望造福子女，而做出錯誤惡行的父母身上。「三界」意指欲界、色界及無色界，是達成涅槃前的所有境涯。但三界有時也指過去、現在與未來。

〇五一、「口は禍の門。」——禍從口出。

這句話是說，產生麻煩的主因都是管不住嘴。

○五二、「果報は寝て待て。」——如果你祈求好運，只要坐著等待，便會喜從天降。

「果報」是佛教詞彙，指因前世善行而得的善報，後來泛指任何好運。這句諺語用法通常類似英諺所說的「守著茶壺，水就不會滾」。在嚴謹的佛教教義中，這句話則指的是：「勿過度渴望善報。」

○五三、「蒔かぬ種は生えぬ。」——要怎麼收穫，先怎麼栽。

除非播下種子，否則不會收成。沒有辛苦耕耘，就不會獲得成果。

○五四、「待てば甘露の日和。」——只要等待，甜美的日子就會來臨。

甘露意指來自天上的甜美露水。所有好事都會降臨在靜心等待的人身上。

○五五、「冥土の道に王は無し。」──死亡路上無王者。

冥土在日文有「地獄」之意，所有亡者都得走上這段冥界之旅，無一例外。

○五六、「盲蛇に怖じず。」──盲人不怕蛇。

無知與不德者，因為無法體悟因果之道，便不怕自身惡行招致的後業。

○五七、「盈つれば缺ける。」──月圓卽轉缺。

月圓便是月缺的開始。所以人生的最高峰，也象徵走下坡的開端。

○五八、「門前の小僧習わぬ経を読む。」——寺前的小僧不停重複吟誦著他從未習過之經文。

小僧可意指「沙彌」、「店員」、「童僕」、「徒弟」等，但在此指的是佛寺門前或靠近佛寺的店童。因為常聽到寺裡誦念的經文，便背了起來。與此相關的諺語為「勧学院の雀は蒙求を囀る」。——勸學院（古時學校）裡的麻雀啼著蒙求——過去教授學童之用的中國讀物。這句諺語的教義還可以用第三句完美表達出來：「習うよりは慣れろ。」——與其學習一種技藝，不如成為習慣。意即「持續不斷接觸它」。觀察與練習比鑽研更有效果。

○五九、「無常の風は時を選ばず。」——無常之風不擇時。

死亡與變化不會永遠配合人的期待。

〇六〇、「猫も仏性あり。」——即使貓咪也有佛性。
雖然傳說當中，唯有貓和蝮蛇未因佛陀之死而泣。

〇六一、「寝た間が極楽。」——入眠就是一種極樂。
只有在睡眠時，我們才得以暫停感受此世悲苦。

〇六二、「二十五菩薩もそれぞれの役。」——就算二十五菩薩也都有各自使命及任務。

〇六三、「人見ての法話け。」——先與人相處，再傳授教義。
傳授佛法教義都應先配合人的智慧再進行。還有另外一種類似諺語：「機根に応じて法を説け。」——因材施教。

〇六四、「人身受け難し、仏法遭ひ難し。」——投生爲人和遇見佛法，都非易事。

通俗佛教認為生在人界、特別是信奉佛教的國度中，是個極大的恩典。儘管生而為人實屬悲苦，但至少仍能得知神聖的真理；落在其他較低階的生命在靈性上就較無法有所增長。

○六五、「鬼も十八。」——魔鬼都在第十八層地獄。

許多有趣的俗諺都與佛家的鬼有關，例如「鬼の眼にもすら涙」（鬼之眼中有淚）、「鬼の霍乱」（意指身強體壯的人卻意外生病）等等。這種鬼通常存在佛家地獄，在那兒負責拷問，擔任獄吏。它們不會跟魔、夜叉、鬼神或其他種類的惡靈混淆。在佛教藝術中，他們會以具有蠻力的牛頭及馬臉模樣呈現，稱為「牛頭」及「馬面」。

○六六、「鬼も見慣れたるがよし。」——當你習慣鬼的存在後，也許會想和他交好。

○六七、「鬼に金棒。」——鬼之鐵棒。
意指強大的力量應該要與強者相稱。

○六八、「鬼の女房に鬼神。」——鬼娶鬼神爲妻。
意指臭氣相投，邪男與惡女通常會相互廝守。

○六九、「女の毛には大象も繫がる。」——用女人的長髮可以拴住一頭大象。

○七〇、「女は三界に家無し。」——女人在三界無家可歸。

○七一、「親の因果が子に報ふ。」——父母的因果會加諸在孩子上。
此句意指父母殘障或醜陋的孩子。但現在通俗的解釋不全然與高等佛教教義有關。

○七二、「落花枝に還らず。」——花落離枝難收回。

此諺語意指覆水難收。過去的行為無法復原。這句話是佛經經文的精簡版：「破鏡不重照，落華難上枝。」

○七三、「楽は苦の種、苦は楽の種。」——樂爲苦之種，苦爲樂之種。

○七四、「六道は眼の前。」——六道近在眼前。

你的來生掌握在此世所作所為；因此你可以自己選擇來世出生之地。

○七五、「三界無安。」——三界裡沒有平靜之處。

○七六、「三界の垣無し、六道はほとり無し。」——三界無邊，六道無鄰。

三界（即欲界、色界及無色界）及六道（即天道、人間道、修羅道、畜生道、餓鬼道、地獄道）包括所有眾生。其上只有涅槃。「無邊」、「無鄰」意指沒有逃脫的界線，這些狀態之間也沒有中道可走。我們只能根據因果，輪迴至其中一道。

○七七、「懺悔には三年の罪も滅ぶ。」——一次懺悔可以抵銷三年業罪。

○七八、「三人寄れば苦界。」——三人聚集就是苦界。

苦界通常用來形容娼妓的生活。

○七九、「三人寄れば文珠の智慧。」——三人聚集就有文珠智慧。

文珠即文殊。文殊菩薩在日本佛教代表智慧之神。此諺語意指三個臭皮匠勝過一個諸葛亮。類似的諺語包括：「膝とも談和。」——討論時要謙卑。這句話是說，無論忠言的來源多粗鄙，都不該輕視。

〇八〇、「釈迦に說法。」——向釋迦牟尼說道。

〇八一、「沙弥から長老。」——要成爲長老，得先從沙彌開始。

〇八二、「死んだればこそ生きたれ。」——唯有死亡才是生命的開始。每每聽見這句話，我都會回想起赫胥黎[32]那篇著名論文〈論生命的物質基礎〉（On the Physical Basis of Life）當中的一句話：「生物的原生質並不是只會永遠處在死亡狀態，分解成礦物質及無機物而已；它會持續衰亡，而且這聽起來十分矛盾，它要到真正死亡那刻，才能重生。」

〇八三、「知らぬが仏、見ぬが極楽。」——不知爲佛，不見爲極樂。

〇八四、「正法に奇特無し。」——正法無奇蹟。

在不可改變的永恆法則下無一例外。

〇八五、「小智慧は菩提のさまたげ。」——小聰明是菩提之道上的絆腳石。

「菩提」是指無上開悟，從佛身上獲得的知識；但日本佛教常取菩提的無上祝福之意，或是成佛的情境。

〇八六、「生死の苦界ほとり無し。」——生死的苦海無涯。

〇八七、「袖の振り合わせも他生の縁。」——即使合身的袖長也都因前

32／赫胥黎（Aldous Huxley, 1894-1963）：英國作家，著有《美麗新世界》（Brave New World）。

世緣分而起。

○八八、「寸善尺魔。」——善爲一寸，惡有一尺。

「魔」是一種會吸引人為惡的特殊邪靈之名。但在日本民間傳說中的魔，則有部分類似西方流傳迷信中的妖精和仙子。

○八九、「楽みは悲みのもと。」——所有歡愉都是悲傷之源。

○九○、「飛んて火に入る夏の蟲。」——撲向火焰的夏蟲。

此諺語特別指耽溺肉體歡愉後的結果。

○九一、「土仏の水遊び。」——泥菩薩過江。

孩童通常會以泥捏小菩薩為樂，但如果放在水中，這些菩薩就會消失成一團泥巴。

○九二、「月に叢雲、花に風。」——如雲之於月，風之於花。

月亮之美因雲團遮蔽而朦朧；花一綻放就會被風吹散四方。意指所有美麗均稍縱即逝。

〇九三、「露のいのち。」——人生一如朝露。

〇九四、「憂さは心にあり。」——憂歡只存於心中。

〇九五、「瓜の蔓に茄はならぬ。」——茄子不會長在瓜藤上。

〇九六、「嘘も方便。」——即使謊言也是一種手段。

意指為了達到改變信仰而採用說謊的手段。這一點《法華經》第三卷的著名寓言[33]特別能證明。

〇九七、「我が家の佛尊し。」——我的祖先都是偉大的佛陀。

33／此指《妙法蓮華經》卷三譬喻品中「三車火宅」的故事。

意指人們在家中神壇最敬畏的是佛，被視為佛的亡靈。這裡的佛有兩種正反之意，可以單純象徵亡靈，或者佛尊。也許藉由另一句諺語的精神可更清楚表達：「逃げた魚に小さいのは無く、死んだ子に悪い子は無い。」——脫逃的魚沒有小隻的，死去的孩子沒有作惡的。

○九八、「雪の果は涅槃。」——雪的結束就是涅槃。

這個有趣的諺語是在我的選集中唯一有「涅槃」二字的佛語，而且也正是因為如此而收錄。一般大眾很少會說到涅槃，而且也不太明瞭與涅槃有關的高深教義。據我推測，上述諺語可能不是流行的說法，比較像是為了描述地平線上覆蓋著一層雪的地景而使用的藝術性及詩意參考。這麼一來，除了雪之外，只剩一片荒蕪虛空。

〇九九、「善には善の報い、悪には悪の報い。」——善有善報，惡有惡報。

第一眼看見這句諺語時，可能不會覺得老生常談；因為它特別意指佛教認為每件發生在人此生的善事，都是前世所做的善行而來；而每一件煩心的事，都是前世所做不公不義的反射。

一〇〇、「前世の約束ごと。」——前世注定。

這是一句相當普遍的諺語，常用在不幸的別離、突然的厄運、意外遭逢死亡等境遇。尤其是情侶殉情。這種自殺方式常被認為是因為前世的殘忍行為，或是曾違背夫妻互許終身的誓言所導致。

拾壹

暗示

我有幸能在他前往印度途中於東京短暫停留之際和他碰面。我們一起散步許久，聊著他比我更了解的東方宗教。

無論我向他提及什麼地方信仰，他都會以最教人訝異的方式做出評論，例舉那和印度、緬甸和錫蘭等地仍存在的儀式之間的奇特連結。接著他突然話鋒一轉，談起出乎意料的話題。

他說，「我一直在思考男女相對比例的恆久性，也好奇佛教教義是否曾對此提出解釋。因爲對我來說，在因果的普遍狀態下，人再生於世似乎必然有一套固定的輪迴過程。」

「你是指男人可能轉世爲女人，而女人也可能變成男人？」我問。

「沒錯。因爲欲望是創造出來的，而異性的欲望也朝向彼此。」

「那麼有多少男人想轉世爲女人？」

「大概很少，」他回答，「但『欲望是創造出來的』這個教義並不是暗指個人渴望創造出其自身的滿足感，事實上完全相反。眞正的教義是，每一個利己的願望結果均帶有懲罰性質，而願望的產物必將驗證——至少從更高等的知識來看——願望的愚蠢。」

「你說得對，但我還不理解你的論點。」

「好，」他繼續說道，「如果人轉世的肉身條件全取決於與肉身相關的意志因果，那麼性別就會取決於與性別有關的意志。既然兩性的意志都朝向彼此，除了生命之外，所有東西都是男渴望女，女也渴望男。更何況，每個獨立於任何個人關係的人，都會不斷感受到某些內在女性或男性理想的作用，也就是你所說的『在無數前世中無數情愛執著陰魂不散的反映』。而這種理想呈現出的那貪得無厭的欲望本身，便足以生成來世的男身或女體。」

「但大多數的女人，」我評論道，「都想轉世爲男人；而且這願望的達成幾乎不帶懲罰性質。」

「怎麼沒有？」他反駁道，「來世的快樂與否不會只取決於性別，當然還會取決於諸多相牽連的情境。」

「你的論點很有趣，但我不知道這和公認的教義的一致性能到達何種程度……還有透過高等教義的認知及實行，一個人能維持超越所有性別的弱點？」

「這樣的人，」他回答，「會轉世爲既非男人也非女人——假使前世因果的業力不夠強大到能阻止或減弱自我征服的結果。」

「藉由轉世重生到其中一處天堂？」我質問。

「不必然如此，」他說道，「這樣的人可能會轉生到欲界，就像這個，但並非只有男女之分。」

「那麼，轉世成什麼型態？」

「成爲完美的人，」他回答，「男人或女人比半人好不到哪兒去。因爲以我們目前不完美的狀態，兩性只能藉由犧牲對方才能成長。每個男人的身心組成當中，都有一個未發展的女人；而在女人的身心裡，也有一個未發展的男人。但一個完整的人會同時是完美的男及女，擁有兩性的最高能力，而且不具雙方的弱點。在其他世界中，某些比我們更高等的人類，也許就是如此進化而來。」

「但你知道，」我說，「例如《法華經》的經文，還有毗奈耶[34]裡都禁止……」

「那些經文，」他打斷我的話，「指的是不完美的人——比男人和女人都還不如，他們不能代表我假設的狀況……但請記得，我不是在傳教，只是大膽提出論點。」

「那麼，之後我可以將你的論點寫下來公諸於世嗎？」我問。

「當然好，要是你認爲這值得思考的話。」

於是，許久之後，我盡可能憑藉印象，如實寫下了這段討論。

34／毗奈耶（梵語：Vinaya）：爲佛教戒律之意，主要是佛教團體生活規範，具有強制力，違反者可依情節處罰，最重者逐出僧門。

拾貳

因果話

大名之妻病重，自知將不久於世。她從文政十年初秋開始就無法下床，如今已是文政十二年四月，亦卽西元一八二九年。此時正是櫻花盛開之際，她想起園裡的櫻花樹，耀眼春日，還有她的子女。她也想著丈夫的衆多後宮嬪妃，尤其是十九歲的雪子。

「愛妻啊，」大名說道，「妳已病重三年之久。我們費盡心力想讓妳康復，日夜在床邊照料，爲妳祈禱，不吃不喝。卽使我們如此悉心呵護，卽使這幾位大夫醫術精湛，妳的大限如今看來卻也快到了。我們也許比妳更該感到悲傷，因爲妳卽將離開這佛家所稱的『三界火宅』[35]。我會不計一切代價，爲妳舉辦所有佛教儀式，讓妳來世得以幸福。我們也會不斷爲妳誦經，讓妳免於成爲孤魂，早日抵達極樂淨土，修成正果。」

大名說話時語氣十分溫柔，安撫她的情緒。她隨後閉上眼，以宛如蟲嗚般的微弱聲音答道：「我很感激，感激您這段感人的告白……是啊，如您所說，我的確已病重三年，也接受了這些照料及呵護……沒錯，爲什麼臨死之際，我還不願走向這唯一的路？此時依然掛念塵世瑣事也許並不恰當，但我最後仍有一事相求，就這麼一件事……叫雪子小姐過來吧，你知道我待她如親妹，視如己出。我想跟她說說幾件家務事。」

雪子於是受大名召喚而來，遵從指示在榻前跪下。大名的妻子睜開眼，看著雪子說道：「啊，雪子來了！……眞高興見到妳，雪子！靠過來一點，這樣我說的話妳才聽得清楚，我沒辦法大聲說話……雪子啊，我就快死了。

35／三界火宅：「三界」指欲界、色界、無色界。「火宅」用來比喻三界之苦。三界皆火宅，無一處安生。

希望妳能對我們的主人盡一切忠心，因爲我希望我走後，妳能接替我的位置……願妳能永遠受寵，是啊，即便更勝百倍於我，這麼一來妳很快就能晉升成爲他的愛妻……妳要永遠眞愛我們的主人，莫讓其他女子奪走他的寵愛……這就是我要說的。親愛的雪子……妳懂嗎？」

「喔，夫人，求您別說這種奇怪的話！您知道我出身貧賤，怎敢妄想成爲主人的愛妻！」

「不，不！」大名的妻子沙啞地回道，「現在不是說客套話的時候，我們就直說吧。我死後，妳一定會晉升，我再次向妳保證，妳會成爲主人的愛妻。是的，雪子啊，我眞的這麼希望，甚至更甚於我想得道成佛！……啊，我差點忘了！我要妳爲我做件事。妳知道花園裡有一株八重櫻，是前年從大和吉野山移植過來的。聽說現在櫻花正盛，我非常想欣賞那盛開的模樣！我不久後就要走了，臨死前一定要瞧瞧。雪子啊，希望妳現在能扶著我到花園，就這麼一次，讓我賞花……是的，在妳背上，把我背在妳背上……」

當大名的妻子這麼請求之際，她的聲音逐漸清晰、昂揚，彷彿對此願望的強大意念讓她有了力量。但她隨即痛哭失聲。雪子跪著，動也不動，不知如何是好；但大名點了點頭。

「這是她此生最後心願，她一向喜愛櫻花，我知道她非常想看看八重櫻盛開的景象。來吧，親愛的雪子，讓她達成心願。」

雪子將夫人背在身上，就像看護將孩子搭在肩上，讓孩子可以抓住一般。

「我準備好了。請告訴我該如何幫您才好。」

「啊，這邊！」垂死的夫人以超人的力氣抓住雪子的肩膀，抬起身體回應。但當她立起身子時，她纖細手臂卻很快滑落至雪子肩前，垂落到袍子底下，抓住雪子的雙乳，同時詭異地大笑。

「我的心願達成了！」她大喊，「我終於看見櫻花盛開，但不是花園裡的那株！我心願未了前絕不瞑目，但如今我心願已了！眞是欣喜！」

這些話說出口後，大名的妻子便俯趴在彎著腰的雪子身上斷氣。

侍從試圖將夫人從雪子的肩上卸下，好搬至床上，但奇怪的是，這件事看似毫不費力，卻無法辦到。她冰冷的雙手以一種無法解釋的方式附著在雪子的雙乳上。雪子因爲過度恐懼及痛苦，失去了知覺。

大夫因此受召而來。但他們無法理解究竟發生什麼事。沒有任何方法能讓亡婦的雙手從雪子身上解開；這雙手掐得如此之緊，若要使力將之移除，無疑會讓雪子見血。但這並非十指緊扣之故，而是因爲夫人的掌中肉已經以一種難以解釋的方式，和雪子的雙乳黏合在一起。

當時江戶醫術最高明的大夫是一位洋人，一位來自荷蘭的外科醫生。於是大名決定召他前來。仔細檢查後，醫生說他無法理解這個狀況，若要立刻鬆開雪子，除了砍去死者的雙手之外別無他法。他表示，企圖從乳房上移除這雙手是相當危險的舉動。大名採納了他的建議。夫人的手從腕部以下被切除，但依舊緊黏著乳房，而且隨即變黑、變乾，正如死亡多時的骸骨。

但這只是恐怖的開始。

這雙手雖然看似乾枯無血色，但並未眞正死亡。每隔一段時間，雙手便會開始偷偷地蠕動，猶如灰色的大蜘蛛。隨後到了夜晚，每每都從丑時開始，這雙手便對雪子的雙乳又抓、又壓、又折磨，那痛楚直到寅時才得以緩解。

於是雪子削髮爲尼，法號脫雪。她立了一個牌位，牌位上刻著那死去正宮的戒名——妙香院殿知山涼風大姊，並在她流浪時隨身攜帶。她每天在牌位前謙卑地懇求死者原諒，也進行佛教儀式，以求妒魂安息。然而每晚丑時，那雙手依舊不停地折磨著雪子，至少十七年之久——這是根據雪子在下野國河內郡田中村的野口傳五左衛門家中借住一宿時告訴他們的說法。當時正是弘化三年（一八四六年）。自此之後，雪子再無消息。

拾參

天狗話

後冷泉天皇時代[36]，鄰近京都的比叡山西塔寺中住著一位高僧。某個夏日，這位高僧從訪京回程途中行經北大路時，看見幾個男童正在虐待一隻鳶鳥。他們設陷阱捉住了鳥兒，正用棍子槌打牠。「喔，可憐的鳥兒！」高僧慈悲地叫著，「孩子們，爲何這麼欺負牠呢？」

其中一個男童答道：「我們想殺牠來取羽毛。」高僧聽了便生出慈悲心，於是說服孩子們，以他隨身的扇子交換這隻鳶鳥，隨後將牠放生。這隻鳥兒未受重傷，因此還能高飛。

因爲做了一件佛家功德而開心的高僧，接著便繼續前行。不過，沒走多遠，他就看到一位形貌殊異的和尚從路旁的竹林中快步朝他走來。那僧人恭敬地向高僧致意，並說道：「先生，由於你的慈悲心腸，我才得以保住一命。我想適切地表達感謝之意。」聽到這番話，高僧驚訝地答道：「我不記得我們曾見過面。請問貴姓大名？」「您認不出我現在這個樣子是正常的，」和尚答道，「我就是方才那隻在北大路受男童虐待的鳶鳥。您救了我一命，這世上沒有什麼比性命更寶貴的。因此我希望能以某些方式回報您這份恩情。如果您有任何想得到、知曉或欣賞的東西，簡單說，就是如果有我能幫得上您的地方，請您直說。因爲我恰好擁有能力尚弱的六種神通之力，幾乎能滿足所有您說得出來的願望。」

高僧聽到這段話，便明白眼前這位和尚正是「天狗」。於是他坦率直言：「老夫如今年屆七十，早已不在乎俗事，凡塵名聲或人間享樂對我早已不具吸引力。唯有來世讓我焦慮。但既然這任誰也幫不上忙，再多問也

36／後冷泉天皇（1025-1068）：日本第七十代天皇，在位期間爲一〇四五年至一〇六八年。

無用。但我想到唯獨一事值得祈求，這一直是我畢生之憾，那就是我無法親臨釋迦如來那時的印度，也無法參加神聖的耆闍崛山大結集[37]。每日晨誦和夜禱時，只要這悔恨無法消除，就不算眞的度日。啊！如果我眞能像菩薩那樣穿越時空，那麼就能親眼見識那不可思議的聚會場面。那樣該會多麼快樂！」

「那麼，」天狗大喊，「您這虔誠的願望可以輕易達成。靈鷲山上那場結集我依然記憶猶新。我有辦法讓當時的景象如實呈現在您眼前。能呈現如此神聖的場合眞是我們莫大的喜樂……跟我來！」

於是，高僧被帶到一處松林間的山丘上。「現在，」天狗說道，「您只需閉眼在此稍候片刻，在聽見佛法傳道聲前都不可睜開眼睛。當您看見佛陀現身，千萬不可讓您的虔誠心影響您。千萬不可鞠躬、不可祈禱，更不能說出任何如『菩薩』或『我佛慈悲』這種話。總之千萬不能出聲。如果您表達出任何敬謝之意，就算只是微微出聲，也可能會讓我遭逢不幸。』高僧欣然承諾願意遵守這些規範。於是，天狗疾疾離去，像是準備施法。

太陽逐漸落下，夜幕降臨。高僧此時仍在樹下閉眼耐心等候。最後，一陣聲音突然迴盪在他上頭，那是一道美妙之音，那聲音深沉、清晰，宛如洪鐘響聲，正是釋迦牟尼的傳道聲。高僧隨後在一道耀眼的光芒下睜開雙眼，發現眼前景象已完全改變——此處的確是印度聖山靈鷲山，此時也的確正是吟誦《妙法蓮華經》之際。如今四周已無松林環繞，取而代之的，

37耆闍崛山大結集：也稱爲王舍城結集或五百結集。文獻記載，大迦葉尊者曾率五百羅漢舉行第一次結集活動，是爲佛教經律的起源。

是七重寶珠果實和樹葉構成的耀眼樹木，地面也覆滿從天而降的曼陀羅花及曼珠沙花。這暗夜裡也滿溢天籟之音的香氣和華美。高僧看見半空中，宛如天上之月，佛陀正安坐獅子座上，右爲普賢菩薩，左爲文殊菩薩，祂們前方是一群以菩薩及摩訶薩爲首、宛如星海般從大空無限擴展的群衆，當中包括數不盡的諸天、夜叉、龍、阿修羅、人、非人等。高僧看見了舍利弗、迦葉、阿難陀，還有如來的所有弟子，以及諸位天人之首、宛如火柱的四大天王、四方之海的諸位龍王、乾達婆及迦樓羅，以及日、月、風大神，梵天之空更閃耀著無數光芒。接著，比環繞四周的那些無數光芒更顯無與倫比的，是他看見此時自釋迦牟尼額頭射出的一道光，映照著一百八十萬東方佛境及其住民，以及六道中的所有生物，甚至還看見已入涅槃的寂滅諸佛外貌。這些，以及所有神魔，高僧看見他們全都在獅子座前鞠躬；他也聽見無數群眾吟誦《法華經》的聲浪，猶如佛前的怒濤。看著如此景象，高僧忘了先前與天狗的約定，痴心想著他竟能站在佛陀面前；他不禁俯臥在地，流著感恩欣喜之淚大喊：「我佛慈悲！」

突然間，一陣天搖地動，這幅壯闊景象隨即消失。高僧發現自己獨自身處黑暗當中，跪倒在山丘的草地上。由於這番景象已散，再加上他因一時衝動毀了約，高僧感到一陣難以言喻的哀傷。正當他難過地踏上歸途時，天狗再次現身在他眼前，並以痛苦及斥責的語氣說道：「由於你未遵守約定，而且掉以輕心地被自己的情感控制，教法的守護者『護法天童』突然從天而降襲擊，暴怒毆打我們，而且大喊：『你竟敢欺瞞這位虔誠信徒？』我集結來的其他法師紛紛驚慌逃竄，我自己也斷了一隻翅膀，所以我現在也無法飛了。」語畢，天狗隨即消失無蹤。

拾肆

燒津

一

耀眼陽光下的老漁村燒津[38]，有著灰色的獨特魅力。它沿著小小海灣，宛如蜥蜴般地與座落所在的原始海岸的淡灰色融成一體。這座水畔堡壘是以層層階台的樣式建成，幾排深深打進地裡的椿柱架起類似籃網編織的網子，固定住顆顆卵石；幾列個別的椿柱撐起每層平台。從台階最上層望向陸地，全村盡收眼底。那是一片灰色屋瓦和歷經日曬雨淋的灰色木料構成的廣闊空間，散落各處的松林則標誌出寺院所在。至於另一頭的海景，一大片水面上是一幅浩瀚景象。水平線上群聚著層峰交疊的藍色山巒，宛如巨大的紫水晶，群山之後的左方是壯觀高聳的富士山，睥睨萬物。防波堤和海面之間不見沙灘，只有一道多爲卵石的石堆積聚成的灰色斜坡。這些卵石隨浪翻滾，要度過狂風暴雨之日拍打上來的浪濤並非易事。如果你曾經困在石浪中，這我就曾遇過幾次，那經驗絕對難以忘懷。

某些時分，這崎嶇不平的斜坡上有一大片會擠滿數列造型獨特的船隻，那是當地漁船獨有的造型。這些船相當大，每艘都可容納四十至五十人，船頭更是異常地高聳，上頭通常繫有佛教或神道教的咒文（御守或守護）。船頭常見的神道教咒文正來自富士女神神社，上頭的文字爲「富士山頂上宣言具大魚滿足」，意即若是能滿載漁獲而歸，船主發誓會齋戒苦行，以表達對富士山頂那神靈的敬意。

38／燒津市，位於日本靜岡縣中部。

在日本靠海的各省、甚至同省的不同漁村內，漁船和漁具都有獨屬當地的特殊樣式。有時確實會發現，相距不過數哩的漁村，彼此各自作成的漁網或漁船，形式差異之大，竟像是相隔數千哩的民族所發明。某種程度上，這令人訝異的多樣性或許是源於村民對當地傳統的崇敬，是對保留祖傳數百年教導和習俗的虔誠保守主義的尊敬。

但更好的解釋是不同的漁村會有不同的捕魚方式，各地的漁網或漁船樣式，都可能是當地按特殊經驗研究過後的發明。燒津當地的大船便說明了這一點。

這些大船是根據燒津當地的漁業需求、也就是供應柴魚至日本帝國各地所設計，因此必須適合在波濤異常洶湧的海面航行。要讓大船入水或上岸非常難，不過全村的人會一起幫忙。有一種下水滑道是臨時在斜坡鋪上一排平坦的木頭，然後將底部扁平的船放在木頭上，藉由長繩索朝上或往下移動。你會看到上百位民眾一起拉動一艘船，男女老少同心齊力，唱和著一首奇特的憂鬱曲調。颱風來臨前，村民會將船隻從港口移往村內街上。幫忙這種事有許多樂趣，而且如果你是個外地人，漁人或許會拿出海中珍鮮做爲辛勤之後的報酬：長度驚人的蟹腳、誇張地脹成氣球的河豚，以及各種樣貌奇異的海鮮；你還沒動手摸看看之前，幾乎不會相信這些竟是自然界的生物。

船頭貼上咒文的大船還不是海邊最奇特的東西，更特別的是竹片編成的餌籠。這些圓鐘型的籠子高六尺，直徑八尺，頂上還有一個小洞。從遠處看，在防波堤上並排曬乾的餌籠可能會被誤認成是某種住所或小屋。接著你會看到一座巨大的木錨，樣子像個犁頭，上頭還鑲有金屬；還有四個鈎腳的鐵錨，打樁用的大木槌，以及各種陌生的器具，你甚至猜想不到它們的用途。這些難以形容的古怪老東西，會讓你感受到奇異的遙遠感，像是身處迢遙時空，讓人懷疑起眼前所見的眞實性。燒津的生活確實也維持著數百年前的樣貌。燒津人就像古代日本人，直率一如赤子，勇於認錯，對外界一竅不通，而且虔誠尊崇古老傳統及神明。

二

燒津正値盂蘭盆節的三日祭典那時，我人剛好在當地，因此希望能在第三天、也就是祭典終日，瞧瞧那美麗的送別儀式。

日本許多地方都會以小船安置魂魄，讓幽魂能乘船上路，這些船多是帆船或漁船的縮小版。每艘小船都裝載著供品、淸水和焚香；如果這幽魂之船是在夜間出發，還會附上小燈籠或油燈。不過在燒津，只有燈籠單獨漂浮在海面上，而且據說燈籠只在天黑之後下水。別處慣例上是在午夜時分送別，我推測在燒津亦然，因此我在晚餐過後還偸懶地小睡片刻，希望能準時醒來觀賞送別燈籠的景象。但當我夜裡十點又來到海邊時，祭典早已結束，人潮也已返家。這時我看到海面上猶似一長群螢火蟲的東西，那是正漂流出海的燈籠，但它們已經漂遠到只能從點點燈色辨認。

我很失望，因爲自己的貪睡，竟錯過或許再難相遇的機會，因爲這些古老的盆節習俗正疾速消逝。但我突然同時想到，我可以冒險游過去跟上那些燈火，因爲它們漂得很慢。於是我脫下袍子留在岸邊，跳入海中。海面相當平靜，而且散發著美麗的燐光。我的手每划動一次，就會揚起一道黃色火光。我游得很快，比我預期的快上許多，就游到了燈籠群的尾巴。但我想若是出手阻擾這些燈籠、或者讓它們偏離安穩的航道並非合宜之舉；於是心滿意足地緊跟著其中一盞，研究起燈籠的細節。

燈籠的結構相當簡單。底部是一片十分方正的厚木板，長約十吋。燈籠的每一角都有一根高約六尺的細條支撐，而這四根豎直的長條則藉由四張紙在頂上交會。燈籠中間有一根直立在木板中心的長釘，固定住一根燃火的蠟燭。燈籠上頭是開放的，四邊則繪上藍、黃、紅、白、黑五色。這五色分別象徵空、風、火、水、地，在抽象上亦與五佛一致的五種佛教元素。其中一張紙壁繪上了紅色，一張爲藍，另一張爲黃，第四張紙壁右半爲黑，左半邊則未繪上任何顏色，以代表白色。透光的紙壁沒有寫上任何戒名，燈籠中只有火光閃爍的蠟燭。

我看著那些脆弱的發光體漂過黑夜，它們散落四方，彼此隨著風浪的起伏越離越遠。而每盞微微震顫的光點都像是一個懼怕的生命，在載著它們漂向遠方黑暗的盲流中搖曳……我們難道不也是一具具漂向更黑更深的汪洋，因爲難免的離散，彼此終將漸行漸遠的燈籠？思想的燭火轉瞬就將燃燒殆盡，脆弱的燈籠和曾經美麗的色彩隨後就將永遠溶進那無色的「空」。

即使在這沉思時分，我卻懷疑起自己此時是否眞是獨自一人，自問身邊除了搖晃的閃爍燈火之外，是不是還有什麼其他東西：某種糾纏在漸逝火光旁、正看著我的東西。一股寒顫瞬間襲來，也許是打從心底升起的哆嗦，也或許只是因靈異念頭而起的毛骨悚然。我想起一則古老的海邊迷信，依稀是「亡魂遊走時相當危險」的古老警告。我心想，要是我在這夜裡因爲妨礙亡者之光、或是看似有意妨礙亡者之光而遭逢邪靈，那麼我可能會成爲未來某個詭異傳說的主角……於是我對著燭火默唸超渡的佛經，趕緊遊返岸邊。

當我摸到岸上礁石時，卻因爲撞見眼前兩道白影，嚇了一跳，但聽到親切的聲音問我海水是否會冷，我便放了心。原來那是我的老房東漁夫乙吉。他剛好和妻子來找我。

「是很舒服的冷。」我披上袍子跟他們一同返家。

「啊，這樣啊，」房東之妻說道。「盆節之夜外出不是好事喔！」

「我沒走遠，只是想看看燈籠。」

「就算河童有時也會溺水，」乙吉大聲說著，「村裡以前有個人因爲船沉了，他在狂風暴雨裡游了七里想游上岸，最後還是溺死了。」

七里大約只比十八英里短一點。我接著問，現在村裡的年輕人有人能游這麼遠嗎。

「有幾個也許可以，」老房東回答，「這村子有很多游泳好手，大家都在這裡游，連小孩子也是。不過，漁夫爲了活命才會游這麼遠。」

「或者談戀愛時，」房東之妻補充，「就像羽島娘那樣。」

「羽島娘？」我疑惑地問道。

「某個漁夫的女兒，」乙吉說道，「這女孩曾有個戀人名叫網代，兩人相隔七里遠；她常在晚上游過去找他，在清晨時游回來。網代都會燃火爲她指引方向。但某個暗夜裡，他忘了點火，也或許是火把滅了。她在海中失去方向，最後溺水身亡……這個故事在伊豆相當有名。」

「那麼，」我自問，「在東方，英雄會游泳是相當可悲的事。在這情況下，西方人又會怎麼評價希臘傳說中的利安德[39]？」

三

通常盂蘭盆節的時刻，海面都會開始變得洶湧，隔天早上看到風浪變大，我其實不太訝異。這風浪會持續整天。這片波濤在午後顯得十分壯麗，我坐在防波堤上觀賞這片景象，直到日落。

那浪濤捲得悠長又緩慢，巨大且駭人。有時就在浪碎之前，綠色的長浪會發出宛如玻璃破碎的爆裂聲，隨後聲響宏亮地落下，擊打我下方的防波堤……我想起俄國某位已故的大將軍，他曾訓練一支宛如怒海的軍隊，那刀劍宛如浪濤，吶喊聲也連綿不絕……這時的海邊幾乎沒有風，但某處此刻必定正值狂風暴雨；拍打上來的浪也持續增高。海浪的動作相當迷人，複雜得難以言喻，而且永遠有不同樣貌！有誰能完整描述這短短五分鐘的浪濤嗎？沒有人會看到完全相同的拍岸海浪。

或許在看過海浪捲起，或聽過浪濤震耳聲音後，沒有人會感受不到當中的莊嚴、肅穆。我曾注意到，就連馬或牛這樣的動物，在大海面前也會開始沉思。牠們駐足、凝視、聆聽，彷彿如此強烈的眼見耳聞，讓牠們忘記了除此之外的世界。

39／利安德（Leander）：希臘神話人物。傳說他與女祭司希羅（Hero）隔海相戀，每晚利安德都會游過海峽與希羅相見，希羅會燃起火把爲他指引方向。但某個暗夜，暴風雨吹熄了火把，利安德因而溺斃。希羅隔天早上在岸邊發現他的遺體，遂投水自盡。

有一句和海有關的諺語：「海有魂也有耳。」這句話可以這麼解釋：如果你在大海面前感到畏懼，切莫洩漏你害怕的情緒；如果你吐露恐懼，浪濤將會瞬間拔高。這個想像對我來說如今似乎再自然不過。我得承認，無論人在海中或船上，我都無法完全說服自己相信大海並非生物——大海擁有意識和敵意。目前沒有任何理由能否定這個想像。爲了要能將大海想成只是一池水，我得和它拉開一定的高度，才能將最洶湧的怒濤狂浪看作癱軟的泡沫漣漪。

但在夜裡，這原始的想像竟比白日時還高漲。夜裡浪上燐光的悶燃和閃光，看起來如此生動！那霜冷火光色調的細微變化，看起來多像變色龍！潛進如此的夜海，在藍黑色的黝暗中睜開雙眼，觀察追隨你每個動作的詭異光流；每一道穿透海流的光點，都像眨闔的眼睛！在如此時分，我們彷佛被某種恐怖的感受包圍，漂浮在某種生命物質裡，而其中的感受、所見與意志，都和無垠、冰寒、柔軟的「靈」相近。

四

我徹夜未眠，聽著巨浪拍打上岸的漫天震響。但比這震耳欲聾的聲響和怒潮突擊而來更顯深沉的，卻是遠方海浪的低音。那像是無止盡的呢喃，震得建築直晃動，又像是無數騎兵的踏步和無數大砲群聚的響聲，一支從日升之處疾行而來、大如天地的軍隊。

我繼而發現，自己竟回想起兒時聽見海潮聲時那種模糊的驚怖感。即使多年後的今天，我在世界各地不同海岸聽到的海潮聲，依然會喚醒我兒

時的情緒。的確，這情緒比我還要老上幾千萬個世紀，那是一種承繼自遠祖的恐懼總和。但現在我明白了，對於大海的恐懼感，不過意味著濤聲喚醒的諸多畏懼的其中之一。因爲當我聆聽那駿河海岸[40]的怒濤時，幾乎能分辨出當中每一種人類所知的恐懼之聲：不只是戰場上的巨大聲響，例如數不清的槍聲、無止盡的衝鋒，還包括野獸的吼叫、火焰燃燒的爆裂聲、地震時的轟隆聲、建築倒塌時的巨人聲響，以及較之更甚、宛如尖叫及壓抑聲般的持續喧鬧，那正是溺水亡者的聲音。那是最可怕的吵鬧聲，結合了所有想像得到的憤怒、毀滅和絕望的回音。

我告訴自己：海潮聲會讓人嚴肅，這難道不令人讚嘆？所有在更加浩

40／駿河海岸，位於靜岡縣，是日本最深的海灣。

瀚的靈魂經驗之海當中泅泳的遠古恐懼，都要與浪濤多樣的聲音和諧唱和。深淵就與深淵響應[41]。可見的深淵呼應著無可見的前人深淵，我們的靈魂便造就自前人生生不息的滔滔洪流。因此，古老信仰所言的「大海怒濤即是亡者之言」，這背後必有更深的含意。亡者的恐懼及痛苦，的確藉由怒濤喚醒的深沉、模糊的敬畏之心，傳達給了我們。

不過，有些聲音比海潮聲更較人感動，而且是以更奇特的方式。那聲音有時也讓我們嚴肅以待，非常嚴肅。那就是音樂。

偉大的音樂是一場心靈風暴，翻攪著在我們內心難以想像的深處那些過往的謎。音樂或許也可說是一種神奇魔法，每種不同的樂器及嗓音，都能呼喚出數百萬不同的前世記憶。有能召喚出年輕、歡愉及哀憐之魂的聲音，也有能召喚出消逝熱情的苦痛魅影的曲調，以及召喚所有威嚴、偉大及輝煌情感幽靈的音符；這些全是消逝的狂喜，已遭遺忘的寬恕。對一個自認自己的生命不過始自百年內的人來說，音樂的影響似乎難以理解。然而，任何人若能發現自我的本質比太陽更爲古老，心中過往的謎將迎刃而解。他發現音樂是一種通靈術，他會感受到旋律的每道漣漪，和聲的每股浪濤；某些無數古老的苦與樂的漩渦此時便超脫「生死之海」，在他的內心應答，讓他悟出道理。

苦與樂，總是在偉大的音樂中結合，因此音樂可比海潮聲或任何聲音更教人感動。但就音樂更廣的表達來看，悲傷總有弦外之音，那正是「靈

41／出自《聖經》中的〈詩篇〉42:7，「你的瀑布發聲，深淵就與深淵響應。你的波浪洪濤漫過我身。」

魂之海」的波浪低語……難以想像人腦在進化出音樂感之前，體驗到的苦樂總和有多麼龐大。

曾從某處聽說，人的生命就是神的音樂——有歡笑、有淚水，有唱頌、有呼喚、有祝禱，也有愉悅及絕望的吶喊；這些絕不會從不死不滅者傳出，這些自成完美旋律。因此諸神不會要求加快描述苦痛音符的速度，如此會毀掉這首音樂！若沒有苦悶音符的組合，上帝之耳只會聽見難以忍受的噪音。

既然音樂的狂喜不過是過去無數累世苦與樂透過生生不息的記憶的總和，我們只有一種方法可以自比爲神。所有累世的喜樂與傷悲都以無數形式的旋律及和聲，回頭糾纏我們。即便如此，百萬年後或許人間已不見日光，但我們此生的喜樂與哀傷，將會透過更豐富的音樂，傳遞至其他人心中，在某個神祕時分，揚起某些刻骨銘心的激情之苦。

日本神道文化體驗者、最理解大和魂的西方人

小泉八雲

原爲希臘人的小泉八雲，由於童年顚沛流離的生活所致，養成其敏銳的觀察力與感性多思的共情能力。在他初次接觸日本文化後，便對這異國風情心生嚮往，自此投身日本文化與文學的研究、翻譯與創作領域中，更被推崇爲是將日本文學推向世界潮流的第一人。

小泉八雲透過西方人的視角，以獨到的觀察力將日本文化中幽微隱密的部分抽絲剝繭，開啟日後人稱妖怪文學的濫觴。也有人說在小泉八雲筆下的民俗傳說恰如日本版的《聊齋》，以玄怪的包裝訴說人性眞實面。

本書以十四篇充滿怪誕奇想的短文書寫鬼神信仰與傳說見聞，揭露日本人內心深層最爲陰暗、恐懼、甚至是自私的那一面。不只呈現一個西方人對日本傳統、故事、文化及信仰的獨特觀察，更大程度是體現大和民族面對無法言說、對未知事物的眞實感受，其中穿插了宗教與民族性的演示，在在傳遞這個民族所具備的精神哲思。

〔echo〕002

幽冥 In Ghostly Japan

十四篇記錄日本民俗與傳說、人性與玄怪的奇情短文　**精裝典藏版**

作者　小泉八雲（Lafcadio Hearn）
譯者　蔡旻峻
主編　洪源鴻
責任編輯　洪源鴻
行銷企劃總監　蔡慧華
行銷企劃專員　張意婷
封面設計　虎稿・薛偉成
版面構成　虎稿・薛偉成

社長　郭重興
發行人　曾大福
出版發行　二十張出版——遠足文化事業股份有限公司
地址　新北市新店區民權路108之2號9樓
電話　02・2218・1417
傳真　02・2218・8057
客服專線　0800・221029
信箱　akker2022@gmail.com
Facebook　facebook.com/akker.fans
法律顧問　華洋法律事務所——蘇文生律師

製版　軒承彩色製版股份有限公司
印刷　通南彩色印刷有限公司

出版　二〇二三年五月——初版一刷
定價　三五〇元

ISBN｜978-626-96456-9-5（精裝）　978-626-97059-4-8（ePub）　978-626-97059-3-1（PDF）

國家圖書館出版品預行編目 (CIP) 資料

幽冥日本（精裝典藏版）：十四篇記錄日本民俗與傳說、人性與玄怪的奇情短文／小泉八雲（Lafcadio Hearn）著／蔡旻峻譯／初版／新北市／遠足文化事業股份有限公司二十張出版／2023.05
譯自：In ghostly Japan　ISBN：978-626-96456-9-5（精裝）
1.CST：民俗　2.CST：社會生活　3.CST：日本　731.3　111022504